COLLECTION **PROTÉGEZ-VOUS**

GUIDE PRATIQUE
DE L'AUTOMOBILISTE

L'AUTO
DÉPANNEUR

Nouvelle édition
Rédaction, recherche et mise à jour
Nathalie Vallerand

SOCIÉTÉ DE L'ASSURANCE
AUTOMOBILE DU QUÉBEC

Le «**Guide pratique de l'automobiliste**» est publié dans la **Collection PROTÉGEZ-VOUS** par Le Magazine **PROTÉGEZ-VOUS**
5199, rue Sherbrooke Est
Bureau 3699
Montréal (Québec) H1T 3X2
Télécopieur: (514) 873-3429
Courrier électronique:
courrier@protegez-vous.qc.ca
Site Web:
www.protegez-vous.qc.ca

Rédaction: Nathalie Vallerand

Direction de la production:
Richard Lévesque

Révision: Dominique Pasquin

Infographie: Éric Trudel

Préimpression et impression:
Interglobe Beauce

Distribution:
Les Publications du Québec

Administration:
Directeur: Jacques Elliott
Adjointe: Sylvie Chicoine

Responsable de la Collection PROTÉGEZ-VOUS:
Maryse Lafrenière
Recherchiste: Anne-Maude Berthiaume

Remerciements

Nous remercions pour leur précieuse collaboration à la réalisation de ce guide:

Georges Iny et l'équipe de l'Association pour la protection des automobilistes (APA)

Me Lawrence Morgan
Unterberg, Labelle, Lebeau & Morgan

Linda Young
Office de la protection du consommateur (OPC)

ainsi que les organismes suivants:

Bureau d'assurance du Canada

CAA-Québec

Groupement des assureurs automobiles (GAA)

Ministère des Transports du Québec

Ministère du Revenu du Québec

Société de l'assurance automobile du Québec (SAAQ)

Transports Canada

Pour commander le **Guide pratique de l'automobiliste** ou un titre de la Collection **PROTÉGEZ-VOUS**, communiquez avec le Magazine **PROTÉGEZ-VOUS** au: (514) 875-4444
ou 1 800 667-4444.

 Gouvernement du Québec
Office de la protection du consommateur

Ministre des Relations avec les citoyens et de l'Immigration
Robert Perreault

Présidente de l'Office de la protection du consommateur
Nicole Fontaine

Dépôt Légal - 1er trimestre 1999
Bibliothèque nationale du Québec
Bibliothèque nationale du Canada
ISBN 2-922237-03-6

TABLE DES MATIÈRES

3 LES VOITURES D'OCCASION

4 LES GARANTIES

⑨ LES RÉPARATIONS

⑩ UNE AUTOMOBILE SÉCURITAIRE

⑪ FAIRE RECONNAÎTRE VOS DROITS

ANNUAIRE DE L'AUTOMOBILE

LISTE DES CONSTRUCTEURS AUTOMOBILES

VOTRE TROUSSE PRATIQUE

NUMÉROS PRATIQUES

L'ABC
de l'automobiliste averti

vec l'automobile vient la liberté, clament les fabricants. Mais le privilège de posséder une automobile coûte cher, très cher même. Et il peut causer bien des tracas: bon an mal an, le tiers des plaintes et des demandes de renseignements soumises à l'Office de la protection du consommateur (OPC) sont reliées aux véhicules (autos ou motos). Les points litigieux? L'achat d'un véhicule neuf ou d'occasion, le non-respect des garanties, les vices cachés, la location à court ou à long terme, les réparations mal effectuées, etc. En fait, le secteur de l'automobile est la source principale des plaintes reçues à l'OPC. Décidément, difficile de rouler en toute quiétude!

Heureusement, la *Loi sur la protection du consommateur* (LPC) contient de nombreuses dispositions[1] visant à régir le domaine de l'automobile, qu'il s'agisse des réparations ou de l'achat d'une voiture d'occasion, ou encore des garanties. En plus d'en faire état, cet ouvrage comprend une foule de renseigne-

ments et de conseils dans des secteurs non spécifiquement régis par la loi: par exemple, tout ce que vous devez savoir lorsque vous achetez une auto d'occasion d'un particulier. De plus, vous y trouverez des fiches de magasinage et des formulaires d'inspection à découper et un contrat de vente d'auto d'occasion entre particuliers. Utilisez-les pour votre prochaine transaction! En collaboration avec le Groupement des assureurs automobiles (GAA), nous vous offrons également en prime un exemplaire d'un constat amiable.

Que vous soyez automobiliste ou en voie de le devenir, il est fort probable que vous aurez à négocier un jour avec un réparateur, un commerçant de garanties supplémentaires, un mécanicien, une entreprise de location d'automobiles, un concessionnaire, un marchand de voitures d'occasion et qui encore! Conservez donc votre guide dans la boîte à gants de votre automobile ou sous la main. Juste au cas où…

Bonne route!

[1] La plupart des dispositions relatives à l'automobile s'appliquent également à la motocyclette.
IMPORTANT
Pour vous faciliter la lecture de ce guide, veuillez noter que OPC signifie Office de la protection du consommateur et LPC, *Loi sur la protection du consommateur*.

Avant de prendre la route

Conduire, c'est bien beau, mais faire rouler une automobile coûte cher. Permis, immatriculation, essence, entretien, etc., le poste automobile gruge une bonne partie du budget des consommateurs. Ralentissez! Il pourrait vous en coûter encore plus si vous avez le pied pesant. Avant de filer dans votre bolide, jetez donc un œil sur les amendes associées aux excès de vitesse.

Les cours de conduite

Depuis le 30 juin 1997, de nouvelles mesures relatives à l'obtention d'un permis de conduire sont en vigueur. En effet, les cours de conduite ne sont plus obligatoires et la période d'apprentissage passe de 3 à 12 mois. Une exception: ceux qui ont suivi un cours d'une école accréditée par le CAA-Québec ou par la Ligue de sécurité du Québec sont soumis à une période d'apprentissage de huit mois.

Ces changements visent à susciter l'acquisition de comportements plus responsables par les nouveaux conducteurs en général, et particulièrement par les jeunes de 16 à 24 ans. La Société de l'assurance automobile du Québec (SAAQ) a confié au CAA-Québec et à la Ligue de sécurité du Québec le mandat d'évaluer et d'accréditer les écoles de conduite. Les établissements qui souhaitent être accrédités doivent répondre à des critères spécifiques de pédagogie, d'administration et de service à la clientèle. Mais cette déréglementation n'entraîne pas la mise au rancart de la *Loi sur la protection du consommateur* (LPC), au contraire!

Les écoles sont nombreuses et la concurrence, féroce. Pour vous aider à voir clair et à éviter les mauvaises surprises, voici les points essentiels à connaître avant de fixer votre choix.

• En vertu de la loi, l'auto utilisée pour les cours pratiques doit comporter un double système de freinage et de débrayage, si elle est équipée d'une boîte manuelle, en plus d'être visiblement identifiée comme étant un véhicule école. Si vous souhaitez faire votre apprentissage avec une voiture à boîte manuelle, prenez la précaution de le faire inscrire au contrat.

• Il est important de magasiner, car les prix varient grandement d'une école à l'autre. Afin de faciliter votre magasinage, assurez-vous que le prix annoncé est global ou tout compris. En effet, une école peut facturer à la carte la documentation, la location de la voiture pour l'examen, etc.

• Informez-vous aussi au sujet des modalités de paiement. Une école ne peut exiger le paiement en un seul versement; la LPC l'oblige à percevoir ce paiement en au moins deux versements égaux faits à intervalles réguliers. De plus, l'école ne peut percevoir le premier de ces versements avant le début des cours.

• Si vous devez résilier votre contrat, la LPC prévoit les modalités de règlement que devra respecter le commerçant, même si le contrat en stipule d'autres. Par exemple, vous avez suivi 4 des 12 séances prévues et déboursé 250 $ sur un montant total prévu de 525 $, taxes incluses. Vous devez aviser le commerçant en envoyant, de préférence par courrier recommandé, le formulaire de résiliation joint au contrat (ou tout autre avis écrit à cet effet). À compter de cet envoi, le contrat est résilié de plein droit. Vous devez toutefois payer en entier les cours reçus, soit $525\$ \div 12 \times 4 = 175\$$.

À titre de dédommagement, l'école peut aussi exiger la plus petite des sommes suivantes: 50 $ ou 10 % du prix des cours non reçus, soit dans ce cas-ci 35 $ (525 $ - 175 $ $\times 10$ %). Vous devez donc en tout 175 $ + 35 $, soit 210 $. Comme vous avez déjà versé 250 $, l'école devra vous rembourser 40 $ dans les 10 jours qui suivent la résiliation du contrat. Et si vous résiliez avant d'avoir reçu quelque cours que ce soit, le commerçant ne peut rien vous réclamer.

Le premier permis

Au Québec, les cours de conduite pratique, tout comme les cours théoriques, sont facultatifs. Par contre, si vous avez suivi avec succès un cours de conduite dans une école reconnue par le CAA-Québec ou la Ligue de sécurité du Québec, la période minimale d'apprentissage sera réduite. Vous pourrez alors vous présenter à l'examen pratique huit mois après avoir obtenu votre permis d'apprenti conducteur.

Le permis d'apprenti conducteur

Avant d'aborder l'apprentissage sur route, il faut être titulaire d'un permis d'apprenti conducteur. Pour l'obtenir, vous devez d'abord vous inscrire à un examen portant sur les connaissances théoriques. L'inscription se fait en utilisant le service automatisé et sans frais de la Société de l'assurance automobile du Québec (SAAQ):

Région de Québec:
(418) 643-5213
Région de Montréal:
(514) 873-5803
Ailleurs au Québec:
1 888 667-8687.

Vous devrez ensuite vous présenter à l'examen dans un des centres de service de la SAAQ. Pour une bonne préparation, consultez les documents recommandés par l'organisme, soit le *Guide de la route* et *Conduire un véhicule de promenade*. Ces guides sont en vente aux Publications du Québec, dans la plupart des librairies ainsi que dans certaines tabagies et kiosques à journaux. Le *Code de la sécurité routière*, la signalisation routière ainsi que les principes et les techniques de la conduite font partie des connaissances de base qu'il faut acquérir avant de passer à la partie pratique.

Pour obtenir votre permis d'apprenti conducteur, vous devez satisfaire aux exigences suivantes:

• être âgé d'au moins 16 ans et, si vous avez moins de 18 ans, avoir le consentement écrit du titulaire de l'autorité parentale.
• Prouver votre identité au moyen de deux pièces.
Première pièce suggérée: une copie authentique de votre acte de naissance, disponible sur paiement des droits à la Direction de l'état civil du ministère de la Justice:

Région de Québec:
(418) 643-3900
Région de Montréal:
(514) 864-3900
Ailleurs au Québec:
1 800 567-3900.

Un passeport canadien ou une attestation de votre admission légale au Canada peut aussi faire l'affaire. Deuxième pièce suggérée: votre carte d'assurance-maladie ou votre carte d'assurance sociale.
• Réussir l'examen portant sur les connaissances théoriques. La note de passage est fixée à 75 % pour chacune des trois parties de l'examen. En cas d'échec, vous ne reprenez que la partie ou les parties que vous avez échouées. Un délai minimal de 7 jours est toutefois imposé avant la reprise.
• Remplir la déclaration médicale exigée par la SAAQ.
• Réussir le test visuel administré pour la SAAQ.

• Payer les sommes requises, en argent comptant ou par chèque: en date du 1er janvier 1999: 10$ (taxes incluses) pour l'examen, 34$ (taxes incluses) pour le permis d'apprenti conducteur.

Ce permis est valide pendant 18 mois. Après 12 mois de validité du permis d'apprenti conducteur (ou après 8 mois si vous avez suivi avec succès un cours de conduite dans une école reconnue par le CAA-Québec ou la Ligue de sécurité du Québec), vous pouvez vous présenter à l'examen pratique. Un détail important: lorsqu'il conduit, le titulaire du permis d'apprenti conducteur doit toujours être accompagné d'une personne possédant un permis de conduire valide depuis au moins deux ans. La personne qui est titulaire d'un permis probatoire ne peut accompagner un apprenti conducteur.

Au cours de votre période d'apprentissage, vous serez assujetti à un régime de sanctions différent de celui prévu pour les titulaires d'un permis de conduire (limite de quatre points d'inaptitude et zéro alcool).

Le permis probatoire

Pour obtenir un permis probatoire (ou un permis de conduire si vous avez 25 ans ou plus), vous devez:
• Avoir un permis d'apprenti conducteur depuis au moins 12 mois (ou 8 mois si vous avez suivi avec succès un cours de conduite dans une école reconnue par le CAA-Québec ou la Ligue de sécurité du Québec).
• Prendre rendez-vous pour l'examen pratique et réussir cet examen. L'examen pratique permet d'évaluer l'habileté du nouveau conducteur à exécuter les manœuvres et à appliquer les règles propres à la conduite d'un véhicule de promenade sur le réseau routier. La note de passage est de 75%. En cas d'échec, un délai minimal de 21 jours est imposé pour la reprise de l'examen. En date du 1er janvier 1999, le coût de l'examen est de 25$ (taxes incluses); le coût du permis probatoire, quant à lui, est de 96 $ (taxes incluses) pour deux ans. Ce coût comprend notamment la contribution au régime d'assurance automobile, les droits du permis, la prise de photo et la délivrance du permis.

Les conducteurs de 16 à 24 ans obtiennent un permis probatoire. Par contre, ceux qui sont âgés de 25 ans ou plus obtiennent immédiatement un permis de conduire après avoir réussi l'examen pratique. La durée maximale du permis probatoire est de 24 mois (ou jusqu'à l'âge de 25 ans). Après cette période, un permis de conduire régulier est délivré au coût de 86 $ (taxes incluses), taux en vigueur le 1er janvier 1999.

Le titulaire d'un permis probatoire est soumis au même régime que celui qui détient un permis d'apprenti conducteur:

• Suspension pour 3 mois du permis probatoire dès que son détenteur a accumulé 4 points d'inaptitude (contrairement à 15 pour les titulaires d'un permis de conduire).

• Tolérance zéro à la consommation d'alcool. Il est interdit aux titulaires d'un permis d'apprenti conducteur ou d'un permis probatoire de conduire après avoir consommé de l'alcool. En cas d'infraction à la règle du zéro alcool, le permis du titulaire est suspendu immédiatement pour 15 jours. Quatre points d'inaptitude sont ensuite inscrits dans son dossier et son permis est suspendu pour trois mois. De plus, une amende de 300 à 600$ peut s'appliquer.

Les coûts d'une automobile

Combien en coûte-t-il réellement pour posséder et utiliser une voiture pendant toute une année? Le CAA-Québec a publié en 1997 une étude sur le sujet dont nous reproduisons les grandes lignes aux pages 20 à 23. Évidemment, les données ne représentent qu'une moyenne générale ne pouvant tenir compte de toutes les caractéristiques propres à chaque automobile. En effet, des variables influent sur les coûts d'utilisation: votre véhicule (acheté neuf ou d'occasion, prix d'achat, entretien requis, etc.), l'utilisation particulière que vous en faites (kilométrage annuel, type de parcours, etc.), votre lieu de résidence, votre style de conduite, etc. L'étude ne prend pas en considération les coûts de stationnement, qui sont presque inévitables quand on circule dans les grandes villes. Pas plus, d'ailleurs, que les contraventions! En conséquence, il est fortement recommandé de faire vos propres calculs, en vous basant sur les explications données aux pages 22 et 23.

L'étude repose sur l'hypothèse que vous conserviez votre véhicule pendant trois ans. Évidemment, si vous le gardez plus longtemps, les coûts d'utilisation annuels diminueront de façon notable: le coût de la dépréciation diminue à mesure que le véhicule prend de l'âge, l'assurance coûte moins cher, la dette associée au financement finit par disparaître, etc. En fait, il n'y a que les coûts d'entretien qui augmenteront après l'expiration de la garantie.

Il est bon de noter également que les automobilistes se procurant des voitures d'occasion pour éviter les années de dépréciation les plus fortes verront le coût annuel diminuer à ce chapitre, alors que l'investissement nécessaire pour l'entretien augmentera, mais dans une proportion moindre que la dépréciation (à condition évidemment que la voiture vieillisse sans bris majeurs).

Pour vous permettre de calculer les coûts de la voiture que vous possédez déjà ou de celle que vous songez à acheter, le CAA-Québec a réparti les frais inhérents à la possession et à la conduite automobile en deux blocs distincts. Les frais fixes (possession) représentent le montant à débourser annuellement, que vous rouliez beaucoup ou très peu, incluant la dépréciation. Les frais variables (conduite) dépendent, quant à eux, essentiellement de la distance parcourue durant l'année.

L'étude regroupe les voitures de cinq catégories: sous-compactes, compactes, intermédiaires, standard et mini-fourgonnettes. Chacune de ces catégories tient compte de plusieurs modèles dont les dimensions et les prix sont généralement comparables. Notez que l'étude n'inclut pas les modèles de luxe et sport dont le prix d'achat et le coût d'entretien diffèrent considérablement de la moyenne des véhicules (Audi, BMW, Jaguar, Mercedes, Porsche, Saab, Volvo, etc.).

À l'exception des frais attribuables à l'assurance automobile privée (dont la prime a été calculée en fonction d'un véhicule appartenant à un résidant de la région de Québec), l'ensemble des coûts variables et des autres frais fixes représente une moyenne pour toute la province. La cueillette des données a été réalisée en mars 1997.

Les excès de vitesse coûtent cher

Savez-vous que, au Québec, la vitesse vient au deuxième rang des causes d'accidents de la route, après l'alcool? La SAAQ définit l'excès de vitesse comme étant toute vitesse ou action imprudente qui met en péril la sécurité, la vie ou la propriété de personnes. On dit qu'il y a excès de vitesse lorsque le conducteur roule trop vite, compte tenu des circonstances. Autrement dit, un automobiliste qui circule à 100 km/h sur une autoroute plongée dans le brouillard commet un excès de vitesse.

Il y a encore trop de conducteurs qui ne respectent pas les limites permises et qui croient que la vitesse ne tue pas. Pour certains, l'excès de vitesse ne présente qu'un seul effet négatif: l'imposition d'une amende assortie de points d'inaptitude.

Pourtant, de nombreuses études effectuées au Canada, aux États-Unis, en Europe ainsi qu'au Québec démontrent que ce comportement entraîne des conséquences beaucoup plus lourdes pour ce qui est des pertes de vies et de l'augmentation de la gravité des blessures — un choc à 150 km/h correspond à la force d'impact d'une chute du haut d'un édifice de 26 étages! — sans compter le coût des soins médicaux et des demandes de prestations. Il y a aussi des conséquences écologiques: plus on roule vite, plus on consomme de l'essence et plus on pollue!

Les infractions aux limites de vitesse entraînent non seulement l'imposition d'une amende, mais également l'inscription de points d'inaptitude au dossier du conducteur. Les points d'inaptitude restent actifs à son dossier pendant une période de deux ans. Sitôt qu'un conducteur accumule 15 points d'inaptitude (ou 4 dans le cas des titulaires d'un permis d'apprenti conducteur ou probatoire), son permis de conduire est révoqué pour 3 mois.

Pour conduire de nouveau, il doit passer un examen théorique (voir page 13).

Quel type d'essence choisir?

Les stations-service proposent de l'ordinaire, de l'intermédiaire et de la super. Bien entendu, ces deux dernières catégories coûtent plus cher que l'ordinaire. Mais ont-elles des propriétés vraiment supérieures? En plus de l'écart de prix, la seule différence est l'indice d'octane.

Il y a deux indices d'octane: l'indice recherche (RON) et l'indice moteur (MON). Les constructeurs automobiles utilisent généralement l'indice combiné pour leurs recommandations d'essence. L'indice combiné correspond à l'addition des indices recherche et moteur, divisée par deux.
(suite page 24)

Flash-conseils

- N'oubliez pas que conduire une automobile, c'est peut-être agréable, mais ça coûte très cher! Si vous ne voulez pas augmenter la note davantage, ralentissez, car les amendes sont aujourd'hui très élevées. Par exemple, si vous roulez à 120 km/h sur une route dont la limite de vitesse est fixée à 70 km/h, vous êtes passible d'une amende de 265 $ plus 50 $ de frais judiciaires... Sans compter que cinq points d'inaptitude seront inscrits à votre dossier de conducteur.

LES POINTS D'INAPTITUDE

Les infractions aux limites de vitesse entraînent l'inscription de points d'inaptitude au dossier du conducteur.

Infractions	Nombre de points
Vitesse supérieure à une limite prescrite ou indiquée par une signalisation	
• excès de 11 à 20 km/h	1
• excès de 21 à 30 km/h	2
• excès de 31 à 45 km/h	3
• excès de 46 à 60 km/h	5
• excès de 61 à 80 km/h	7
• excès de 81 à 100 km/h	9
• excès de 101 à 119 km/h	12
• excès de 120 km/h ou plus	15

Quelques autres infractions

• Dépassement prohibé par la droite	2
• Omission de se conformer à un feu rouge	3
• Omission de se conformer à un panneau d'arrêt	3
• Omission du port de la ceinture de sécurité	2
• Omission d'arrêter à l'approche d'un autobus scolaire dont les feux intermittents sont en marche, ou croisement ou dépassement prohibé d'un tel véhicule	9

LES INFRACTIONS AUX LIMITES DE VITESSE ET LEURS AMENDES

• Amende de base	15 $
• Amende additionnelle **par tranche complète** de 5 km/h excédant la vitesse permise:	
de 5 à 20 km/h	10 $
de 21 à 30 km/h	15 $
de 31 à 45 km/h	20 $
de 46 à 60 km/h	25 $
61 km/h et plus	30 $

Exemple

Vous roulez à 120 km/h sur une route dont la limite de vitesse est fixée à 70 km/h. Comme vous dépassez la vitesse permise de 50 km/h, vous êtes passible d'une amende de 265 $.
15 $ + (25 $ X 10) = 265 $ (+ 50 $ de frais judiciaires).

Autre exemple

Sur la même route, vous faites un excès de vitesse de 17 km/h. Vous êtes alors passible d'une amende de 45 $.
15 $ + (10 $ X 3) = 45 $ (+ 12 $ de frais judiciaires).

QUELQUES INFRACTIONS ET LEURS AMENDES

	Amende	Frais judiciaires
• Dépassement prohibé par la droite	200 $	+ 50 $
• Omission de se conformer à un feu rouge	100 $	+ 35 $
• Omission de se conformer à un panneau d'arrêt	100 $	+ 35 $
• Omission du port de la ceinture de sécurité	80 $	+ 25 $
• Omission d'arrêter à l'approche d'un autobus scolaire dont les feux intermittents sont en marche, ou croisement ou dépassement prohibé d'un tel véhicule	200 $	+ 50 $

LES COÛTS D'UNE AUTOMOBILE

CATÉGORIE	SOUS-COMPACTES	COMPACTES
Quelques modèles	Ford Escort, Honda Civic, Hyundai Accent, Nissan Sentra, Saturn SL-1, Toyota Tercel, Volkswagen Golf	Mazda 6 Nissan Altir Oldsmobile Achie Plymouth Bree Pontiac Grand AM Toyota Corolla
Consommation d'essence		
litres/100 km	6,96	9
A) COÛTS VARIABLES (par km)		
Essence (63 ¢/litre, mars 1997)	0,0437$	0,058
Entretien	0,0196$	0,019
Pneus	0,0096$	0,010
Total	**0,0729$**	0,088
B) COÛTS FIXES (par année)		
Assurance (secteur privé)		
• collision (franchise 250$)	312$	3
• responsabilité civile (1 000 000$)	246$	2
• feu, vol, vandalisme, bris de vitre (franchise 50$)	157$	1
Immatriculation	225$	2
Permis (droits, assurance gouvernementale)	43$	
Dépréciation	3 323$	4 4
Financement	541$	7
Total	**4 847$**	6 2
C) SOMMAIRE		
Total annuel (pour 20 000 km)	6 305$	7 9
Par km (sur un kilométrage annuel de 20 000 km)	0,315$	0,3

INTERMÉDIAIRES	STANDARD	MINIFOURGONNETTES
Buick Century, Chevrolet Lumina, Ford Taurus, Honda [Acco]rd, Hyundai Sonata, [P]ontiac Grand Prix LE	Buick Le Sabre, Ford Crown Victoria, Mercury Grand Marquis, Oldsmobile 88 Royale, Pontiac Bonneville	Chevrolet Astro, Chevrolet Venture, Ford Aerostar, Mazda MPV, Plymouth Grand Voyager, Toyota Previa
9,88	10,52	11,56
0,0620 $	0,0659 $	0,0725 $
0,0196 $	0,0196 $	0,0196 $
0,0101 $	0,0116 $	0,0110 $
0,0917 $	**0,0971 $**	**0,1031 $**
338 $	407 $	377 $
254 $	276 $	265 $
170 $	207 $	191 $
225 $	225 $	225 $
43 $	43 $	43 $
5 064 $	6 927 $	5 689 $
825 $	1 128 $	926 $
6 919 $	**9 213 $**	**7 716 $**
8 753 $	**11 156 $**	**9 776 $**
0,437 $	0,557 $	0,488 $

Coûts variables
Essence (par kilomètre)

Ce coût est calculé à partir du prix moyen du litre d'essence ordinaire sans plomb au Québec, en mars 1997.

Exemple d'une voiture sous-compacte:

$$\frac{6,96 \text{ litres}}{100 \text{ km}} \times \frac{0,63 \$}{\text{litre}} = \frac{0,0438 \$}{\text{km}}$$

Si vous connaissez le prix que vous payez habituellement le litre d'essence ainsi que votre propre consommation de carburant, vous pouvez faire le calcul vous-même.

Entretien

Le montant indiqué est une moyenne basée sur un cycle d'utilisation de 60 000 kilomètres ou de trois ans. Il a été établi à partir des exigences des constructeurs. Il représente ce qu'un automobiliste paiera en moyenne s'il suit la grille d'entretien du constructeur de sa voiture. C'est sous cette rubrique que sont inscrites les vidanges d'huile.

Pneus (par kilomètre)

Le montant prévu pour les pneus tient compte de l'achat de quatre pneus d'hiver et de leur changement saisonnier.

Coûts fixes
Assurance (par année)

La prime d'assurance, calculée ici en fonction d'un modèle neuf, est fixée en tenant compte des restrictions suivantes (classe 02, dossier 6, c'est-à-dire qu'aucune réclamation n'a été effectuée depuis les six dernières années):

• la voiture sert à la promenade;
• le conducteur principal est un homme célibataire âgé de 30 ans ou plus ou un homme marié âgé de 25 ans ou plus ou une femme âgée de 25 ans ou plus;
• aucune personne de moins de 25 ans n'est assurée comme conducteur occasionnel du véhicule.
• Une surprime moyenne de 100 $ pourra être ajoutée au chapitre de l'assurance responsabilité civile si la personne utilise son véhicule dans le cadre de son travail. En ce qui concerne l'assurance collision, cette surprime serait d'environ 113 $. Quant à l'assurance «feu-vol-vandalisme», il n'y a habituellement pas de frais additionnels, ou alors ils sont minimes.

Immatriculation (par année)

Le montant payé chaque année pour le renouvellement de votre plaque d'immatriculation tient compte:
• des droits d'immatriculation selon la tarification de la SAAQ, soit 104 $ (taxes incluses) en 1997;
• de la contribution à l'assurance automobile du Québec, soit

87 $ (taxes incluses) en 1997;
• de la contribution obligatoire des automobilistes au transport en commun, soit 30 $ (retranchez cette somme si la contribution au transport en commun ne s'applique pas dans votre région);
• des frais d'administration reliés au renouvellement, soit 4 $ (taxes incluses), ou 8 $ (taxes incluses) en 1997 pour une nouvelle immatriculation.

Permis de conduire (par année)

Cette somme, payable tous les deux ans, tient compte (au taux de 1997):
• des droits du permis, soit 32 $ (taxes incluses);
• de la contribution à l'assurance automobile du Québec, soit 50 $ (taxes incluses) (ou davantage si le conducteur a accumulé plus de trois points d'inaptitude — voir page 115);
• des frais d'administration, soit 4 $ (taxes incluses).

Dépréciation (moyenne annuelle)

La CAA évalue la dépréciation totale d'un modèle neuf à 50 % pour trois ans. On estime qu'une voiture perd environ 25 % de sa valeur la première année, 15 % la deuxième et 10 % la troisième. Le calcul est donc effectué comme suit: prix payé (prix d'achat du modèle 1997 + taxes) MOINS valeur résiduelle (50 % du prix d'achat après trois ans d'usage).

Vous divisez cette différence représentant le montant de la dépréciation totale par trois, et vous obtenez la dépréciation annuelle.

Financement (moyenne annuelle)

Le montant indiqué correspond à 65 % du prix de la voiture neuve, taxes incluses. Le taux d'intérêt retenu est de 8,75 % (mars 1997) et l'emprunt est remboursé en 36 versements mensuels. Si vous n'avez pas emprunté lors de l'achat de votre voiture, ou si vos paiements s'échelonnent sur une période différente, vous avez intérêt à calculer vous-même le montant à prévoir à ce chapitre.

Sommaire

Pour déterminer les coûts d'utilisation annuels de votre voiture, il suffit de multiplier le total des frais variables (partie A) par le nombre de kilomètres que vous parcourez par année. À ce montant, vous n'avez qu'à additionner le total des frais fixes (partie B). Le coût par kilomètre s'obtient en divisant les coûts d'utilisation annuels par le nombre de kilomètres parcourus par année.

Dans certains manuels du propriétaire, l'indice combiné est parfois identifié par les lettres AKI (*Anti Knock Index*). Au Québec, les normes minimales obligatoires sont de 87 pour l'ordinaire, de 89 pour l'intermédiaire, de 91 pour la super et de 93 pour la super de qualité supérieure. Mais attention: si le chiffre indiqué dans votre manuel du propriétaire est accompagné des trois lettres RON, il s'agit de l'indice recherche, et non combiné. S'il est de 95 ou moins, il s'agit de l'essence ordinaire ou intermédiaire. S'il est de 96 ou plus, c'est de l'essence super. Donc, si votre manuel du propriétaire indique que votre automobile doit rouler avec de l'essence sans plomb à indice d'octane RON 91, vous pouvez utiliser de l'essence ordinaire.

Indice combiné AKI
87: essence ordinaire
89: essence intermédiaire
91: essence super
93: essence super de qualité supérieure
Indice recherche RON
95 ou moins: essence ordinaire ou intermédiaire
96 ou plus: essence super

L'indice d'octane est la mesure de la résistance de l'essence à la détonation, c'est-à-dire la tendance de l'essence à s'enflammer d'elle-même. Normalement, l'essence doit être embrasée par la bougie d'allumage. Parfois, le moteur fait de l'auto-allumage, ou cliquetis (*pink*). Ceci peut être dû à différents problèmes, comme des particules ou dépôts de carbone dans les chambres de combustion, des bougies défectueuses ou un moteur qui chauffe trop. Si c'est le cas de votre véhicule, vous entendez alors, au moment de l'accélération, un bruit de cliquetis, comme de la vaisselle qui s'entrechoque. En utilisant une essence à indice d'octane supérieur, l'auto-allumage devrait cesser. Mais il s'agit d'une solution temporaire, car un niveau d'octane supérieur ne corrige pas le problème: il ne fait qu'en masquer les effets. Votre auto a plutôt besoin d'un changement de bougies ou d'un nettoyage des chambres de combustion, par exemple. La mise au point de votre véhicule augmentera la longévité du moteur et en diminuera les émanations polluantes.

En fait, un indice d'octane élevé n'a aucune influence sur la performance, la longévité ou la consommation d'un moteur conçu pour fonctionner à l'essence ordinaire. Si vous utilisez de la super ou de l'intermédiaire alors que le constructeur de votre véhicule recommande de l'ordinaire, vous jetez carrément votre argent par les fenêtres!

Les voitures neuves

2

C e que les consommateurs détestent par-dessus tout lorsqu'ils magasinent une voiture neuve? En négocier le prix. Si vous êtes de ceux que les vendeurs intimident, le chapitre suivant vous fournira toutes les informations nécessaires pour vous sentir plus à l'aise lors des négociations. En connaissant mieux vos droits, vous éviterez les surprises désagréables, comme un véhicule non livré à la date prévue ou votre vieille voiture dont le prix d'échange diminue après la signature du contrat.

Par ailleurs, même si la LPC ne régit pas spécifiquement la vente de véhicules neufs, c'est-à-dire ceux qui n'ont jamais été utilisés à d'autres fins que leur mise au point et leur livraison (un véhicule de démonstration, par exemple, n'est pas un véhicule neuf), vous n'en êtes pas moins protégé à plusieurs égards. En effet,

les pratiques commerciales, la publicité, les contrats et les garanties sont soumis à des dispositions générales qui visent à protéger le consommateur et à lui assurer des recours en cas de problème.

L'achat d'une voiture neuve

Un bon achat commence par une bonne préparation. En considérant votre véhicule actuel, demandez-vous ce que vous aimeriez y changer en matière d'habitabilité, par exemple. Vous voulez plus d'espace une ou deux semaines par année durant vos vacances? Plutôt que d'acheter une plus grosse voiture, songez à ajouter un porte-bagages à une auto qui correspond à vos besoins courants, ou à louer un plus gros modèle ou une minifourgonnette à l'occasion. Pour ce qui est du confort, de la sécurité et du rendement, les voitures compactes se sont tellement améliorées que la plupart des consommateurs en sont satisfaits.

Avant d'entreprendre votre magasinage, il y a certaines étapes à franchir afin de bien orienter vos démarches.

• **Votre budget:** quel montant pouvez-vous allouer au poste «transport» par rapport à vos autres priorités et obligations? Évaluez avec réalisme vos moyens financiers, en tenant compte du coût d'achat du véhicule (taxes, frais de préparation et frais de financement). Référez-vous au tableau des coûts d'une automobile (voir pages 20 à 23).

Si vous devez emprunter, essayez d'évaluer avec l'aide d'un représentant de votre institution financière quel versement mensuel vous pouvez assumer. Prévoyez aussi les coûts d'utilisation (essence, pneus, assurance, etc.). Essayez de vous fixer un montant maximal et tenez-vous-y. Ne vous laissez pas tenter par un modèle excédant vos moyens ou, alors, envisagez l'achat d'un véhicule d'occasion.

• **Vos besoins:** en connaissant bien vos besoins et l'utilisation que vous ferez de votre voiture, vous serez en mesure de déterminer le modèle qui vous convient le mieux. Voici quelques questions essentielles à vous poser.

❏ S'agit-il d'une voiture unique pour les besoins de toute la famille ou d'un second véhicule?

❏ Les passagers sont-ils des enfants, des adolescents ou des adultes?

❏ Quel est le type de trajet que vous effectuez régulièrement?

❏ Quel est le nombre de kilomètres que vous avez l'habitude de parcourir annuellement?

❏ Vous servirez-vous de votre auto pour le travail ou est-elle destinée aux petits déplacements seulement?

Consultez les ouvrages, les magazines ou les organismes de protection du consommateur dans le domaine de l'automobile afin de connaître les marques de voiture les mieux classées, les garanties offertes par les divers constructeurs, les points forts et les points faibles de chaque modèle, leur fiabilité au fil des ans, la disponibilité des pièces et du service (particulièrement si vous voyagez beaucoup), la sécurité du véhicule et des accessoires, etc. En avril, le magazine *Protégez-Vous* publie son guide annuel sur l'auto en collaboration avec l'Association pour la protection des automobilistes (APA). Vous y trouverez une mine de renseignements.

Le magasinage

Une fois que vous avez cerné vos besoins et déterminé le budget que vous pouvez y allouer, vous êtes fin prêt à commencer votre magasinage. Vous trouverez à la page 157 une fiche pratique de magasinage. Faites des photocopies de cette page et remplissez une fiche pour chaque modèle qui vous intéresse. Il vous sera ensuite plus facile de faire un choix éclairé.

Les accessoires optionnels: lesquels choisir?

Le concessionnaire réalise un profit important sur la vente d'accessoires optionnels; il a donc tout intérêt à vous en faire acheter le plus possible. Il faut savoir cependant qu'ils peuvent être coûteux à l'achat et que certains peuvent faire augmenter la consommation d'essence. Prenez donc le temps de choisir les extra dont vous avez vraiment besoin.

Choisissez-les en tenant compte des frais d'utilisation. Par exemple, un climatiseur et un toit ouvrant électrique peuvent coûter cher en réparations et en entretien après la quatrième année. Les accessoires optionnels les plus recherchés sont habituellement la direction assistée, le moteur plus puissant, la boîte de vitesses automatique (sauf dans le cas des minivoitures, des sous-compactes et des voitures sport), les glaces à commande électrique, le climatiseur, le régulateur de vitesse, le volant inclinable, la chaîne stéréo perfectionnée et les sièges en cuir. Ces équipements peuvent augmenter la valeur de revente. La troisième banquette des minifourgonnettes ainsi que la quatrième portière sont également recherchées par les acheteurs de ce type de véhicule.

Cependant, si vous avez le choix entre un modèle de base auquel vous ajoutez certains accessoires optionnels et un modèle plus haut dans la gamme qui a, de série, ces mêmes équipements, optez pour ce dernier si le prix est semblable, parce que sa valeur de revente sera probablement meilleure.

Par ailleurs, la marge de profit sur les extra installés par le concessionnaire est plus élevée que sur ceux qui sont installés à l'usine. Après bien de la résistance, le vendeur vous accorde une réduction substantielle du prix de votre voiture neuve? Ce n'est que partie remise: il tentera de se rattraper en poussant la vente d'extra comme le traitement antirouille, les protecteurs de tissu et le scellage de la peinture. Chacun de ces articles peut ajouter quelques centaines de dollars au prix d'une voiture neuve. Pourtant, une boîte de cire pour auto et une bombe de *Scotchguard* achetées à la quincaillerie font aussi bien l'affaire, et ce à une fraction du prix.

Les étapes de la vente

Méfiez-vous des vendeurs qui demandent dès le début: «Combien voulez-vous payer par mois?» Ou encore: «Avez-vous une voiture en échange?» Ces questions n'ont pour but que de permettre au concessionnaire de trouver la formule idéale pour maximiser son profit. Par exemple, si vous lui dites que vous pouvez payer 350$/mois, il pourrait vous offrir à ce prix une auto qu'il vend normalement 320$/mois! Une façon d'éviter ce piège est de dire au vendeur qu'il est trop vite en affaires, que vous désirez d'abord voir l'auto et que vous voulez négocier sur la base du prix de vente global.

Un bon vendeur devrait commencer par une évaluation de vos besoins: budget, genre d'utilisation, style de carrosserie et équipement désirés. Par la suite, on devrait vous faire la présentation des avantages du véhicule qui semble correspondre à vos besoins. Toujours intéressé? On vous proposera un essai sur route. L'idéal serait d'emprunter l'auto pendant une partie de la journée ou, mieux, de louer le même modèle d'une entreprise de location durant un ou deux jours. Ceci s'impose d'autant plus si vous changez de catégorie de véhicule, si vous passez par exemple d'une auto sport à un véhicule à quatre roues motrices.

C'est après l'essai que la situation se corse. Durant la discussion avec le vendeur, faites-lui savoir gentiment que vous magasinez en vue d'un prochain achat, mais que vous n'envisagez pas de signer le jour même.

Commencez en vous renseignant sur la disponibilité des couleurs et des accessoires qui vous intéressent. Un vendeur consciencieux devrait parcourir avec vous la brochure qui se rapporte au véhicule. Demandez le prix de détail suggéré de l'auto et celui des accessoires considérés individuellement ou par ensembles.

La négociation: un rapport de forces

La négociation est l'étape de l'achat la moins appréciée des consommateurs. Certains aiment le défi, mais la plupart des acheteurs endurent un mal nécessaire. Habituellement, pour connaître le prix d'un produit, on a simplement à lire l'étiquette, à ajouter les taxes appropriées, et voilà le prix final! Ce prix est le même pour tout le monde, sans égard à l'habileté à négocier. C'est rarement le cas dans l'industrie automobile. Non seulement est-il rare de voir une étiquette affichant le prix réel sur un véhicule neuf à vendre (quand il y en a une, elle indique le prix de détail suggéré, un prix que personne ne devrait payer), mais on ajoute des frais pour le transport et la préparation ou même des frais «d'administration» et, dans certains cas, un supplément pour les coûts de la publicité! Qui songerait à ajouter ceux-ci au prix demandé pour une robe ou un frigo?

Le prix de détail suggéré par le manufacturier (PDSM) est un outil de négociation pour le consommateur. Aux États-Unis, depuis 1958, les constructeurs sont obligés d'apposer sur tous les véhicules neufs une étiquette qui indique le PDSM et une liste des accessoires inclus. Les concessionnaires doivent laisser cette étiquette sur le véhicule jusqu'à ce que le consommateur en prenne possession. Au Canada, il n'y a pas de telle loi. Ainsi, bien des concessionnaires retirent systématiquement les étiquettes à la réception des véhicules même si les constructeurs recommandent de les y laisser.

Toutefois, le réseau Saturn et un petit nombre d'autres concessionnaires ont établi une politique de prix fermes. Les automobiles affichent alors une description de l'équipement et un prix de vente réel. Est-ce avantageux? Selon une recherche effectuée par l'APA, les prix demandés étaient légèrement supérieurs aux meilleurs prix qu'un acheteur peut négocier après un bon magasinage. Les prix fermes ont justement l'avantage — ou le désavantage — d'être obtenus sans négociation. Généralement, on peut toutefois négocier le prix du véhicule qu'on laisse en échange. Quoi qu'il en soit, un acheteur prudent devrait vérifier s'il peut obtenir un meilleur prix en magasinant ailleurs ou en se prévalant du service prix coûtant des voitures offert par l'APA (voir encadré page 38).

Lors de la négociation, dites que vous voulez payer le moins cher possible et que vous magasinez aussi ailleurs, ou qu'un modèle un peu moins cher d'un autre constructeur vous intéresse. Dans certaines concessions, avant de vous donner un prix, on vous demandera de faire une offre en prétextant qu'«aucune offre raisonnable n'est refusée». Si vous avancez un prix et qu'il est accepté, c'est probablement parce qu'il était trop élevé. Pour éviter cette pratique déplorable, insistez pour obtenir un prix initial ou faites une première offre à très bas prix, par exemple à 70 % du prix de détail suggéré. Cette stratégie encouragera le vendeur à aller voir le directeur pour obtenir une contre-offre, qui servira de point de départ aux négociations.

Lorsque vous négociez le prix d'une voiture neuve, vous devez aussi mettre tout l'habillement sur la table, jusqu'aux baguettes de flancs! Connaître le prix coûtant des accessoires optionnels (équipements du constructeur) vous place en bonne position et peut faire toute la différence dans les négociations.

Déjouez les pièges

Dans certaines concessions, on refusera de commencer les négociations tant que vous n'aurez pas signé une offre d'achat vierge ou donné votre carte de crédit. Si on vous propose un attrape-nigaud pareil, allez vite ailleurs!

Essayez d'obtenir le prix de l'auto neuve avant de discuter de celui du véhicule à donner en échange ou d'entamer les discussions sur le financement; ça ferait trop de chiffres à la fois. En plus, il est possible qu'on surévalue votre véhicule d'échange et qu'on gonfle d'autant la valeur de l'auto neuve.

Finalement, si vous tenez à obtenir un bon prix d'achat, il sera probablement nécessaire de vous rendre dans deux ou trois concessions vendant la même marque. Vous serez ainsi en meilleure position de négociation.

Les véhicules de démonstration

Après quelques mois, les autos utilisées dans le cadre des essais sur route sont vendues comme véhicules de démonstration. Le concessionnaire reçoit parfois un crédit du constructeur, ce qui lui permet de réduire le prix de ces voitures «presque neuves». Attention: certains concessionnaires font passer comme «démonstrateurs» des véhicules qui ont en fait été utilisés pour les besoins personnels des membres de l'entreprise. Posez-vous la question: pour l'économie réalisée, vaut-il la peine d'acheter un véhicule de démonstration?

Sachez de plus qu'un tel véhicule est classé comme automobile d'occasion en vertu de la LPC et, de ce fait, le commerçant doit apposer sur l'auto l'étiquette prescrite par la loi, dûment remplie (voir page 57).

L'échange de votre vieux véhicule

Pour établir la valeur de votre auto actuelle, consultez un des guides d'évaluation employés par l'industrie, soit le *Guide d'évaluation des automobiles*, le *Guide d'évaluation des camions légers* ou le *Canadian Red Book*. Vous en trouverez des exemplaires dans certaines bibliothèques municipales, des institutions bancaires, etc. Certains clubs automobiles, dont le CAA-Québec et l'APA, les consultent pour leurs membres. Une autre possibilité valable est de surveiller les petites annonces afin de connaître les prix demandés pour des véhicules semblables au vôtre. Comme ces prix sont souvent négociables et qu'il s'agit d'un prix de vente entre particuliers, ils dépassent habituellement ce qu'un concessionnaire vous offrira. Vous pouvez aussi visiter directement le terrain de vente de véhicules d'occasion d'un concessionnaire qui vend la même marque que votre auto et demander qu'on vous fasse une offre. Une évaluation donnée par téléphone ne peut tenir compte de l'état réel de votre véhicule. Rendez-vous plutôt sur place.

Le contrat d'achat

Prenez connaissance de toutes les clauses du contrat, y compris et surtout celles qui sont en plus petits caractères. En plus du lieu et de la date, le contrat devrait préciser tous les accessoires optionnels, l'année du modèle, la marque, le nom du modèle, la cylindrée (non pas seulement le nombre de cylindres), la couleur, le kilométrage et le prix (y compris les frais de transport et de préparation ainsi que les taxes) de votre voiture. Le numéro de série du véhicule, s'il se trouve déjà chez le concessionnaire, doit aussi y figurer.

Quelques modifications

Pour votre protection, vous avez avantage à faire modifier quelques clauses du contrat de vente; ces changements doivent être apportés AVANT la signature. Afin de s'assurer une vente, le concessionnaire ne devrait pas s'y opposer.

• Livraison rapide?

Choisissez un délai de livraison en précisant une date. Cela remplacera les formulations trop vagues du type «vers le». Au verso du contrat, vous pouvez lire: «L'automobile sera livrée à la date de livraison spécifiée ou aussitôt que possible après cette date.» Remplacez «aussitôt que possible» par «ou le contrat pourra être annulé sur un avis écrit de l'acheteur, sans frais ni pénalité, dans un délai de 48 heures après la date spécifiée ou après toute autre date convenue ultérieurement».

• Je veux annuler!

Signer un contrat, c'est s'engager! Dans le domaine de la vente automobile, la LPC n'accorde pas de délai pour résilier un contrat d'achat, sauf s'il comporte un crédit ou un financement: vous avez alors un délai de deux jours pour annuler la vente à la condition que vous n'ayez pas pris possession du véhicule (voir page 33). Dans tous les autres cas, si vous désirez annuler la vente avant d'avoir pris possession du véhicule, le contrat permet généralement au commerçant de vous réclamer entre 5 et 12 % du prix de vente en compensation! Selon l'OPC, cette pratique est illégale au sens de la LPC, bien que cette position n'ait pas toujours été retenue par les tribunaux. Toutefois, un important jugement rendu en 1993 en Cour supérieure a conclu qu'en vertu des articles 8 et 9 de la LPC, un commerçant n'a pas droit à des dommages et intérêts supérieurs à ceux qu'il a réellement subis. Il n'a donc pas droit d'emblée au montant prévu à la clause de pénalité et doit faire la preuve des dommages qu'il a subis. Pour éviter d'éventuels problèmes, faites retirer cette clause du contrat ou faites remplacer le pourcentage inscrit à la clause de pénalité par «au plus 2 %» en spécifiant, de préférence, le montant plafonné à 200 $, par exemple. En conséquence, prenez la précaution de ne pas donner un trop gros acompte.

• C'est garanti

Si vous donnez votre auto en échange, faites garantir le prix offert pour celle-ci dès la signature du contrat. Faites également garantir le prix de l'automobile neuve et biffez toute clause au contrat prévoyant un rajustement du prix de vente fixé. Vous serez ainsi protégé contre toute augmentation du constructeur. Seule une hausse des taxes (fédérale ou provinciale) devrait pouvoir justifier une modification de ce montant, à moins que le modèle choisi ne soit pas disponible et ne puisse être livré à brève échéance. Ajoutez une clause qui dit en substance: «En dépit de la clause concernant le chan-

gement de prix et du montant des taxes, le prix négocié pour le véhicule est protégé contre toute hausse de prix.»

Si vous avez pris soin de le demander au contrat, on vous remettra une copie du feuillet de préinspection du véhicule au moment de la livraison. Il s'agit d'un document attestant que le véhicule a été vérifié avant son départ du concessionnaire. Assurez-vous aussi que toutes les modifications au contrat portent vos initiales ainsi que celles du vendeur ou du directeur des ventes.

Une condition: le financement

Si vous planifiez emprunter pour financer l'achat de votre auto sans toutefois vous prévaloir du financement du concessionnaire, vous pouvez prendre une précaution bien simple. Faites inscrire au contrat une clause stipulant que, en cas de refus de financement de l'institution de votre choix, le contrat sera nul, sans frais ni pénalité. Si on refuse de vous accorder un prêt, vous pourrez alors faire annuler le contrat grâce à la clause sur le financement que vous avez fait ajouter.

Malheureusement, beaucoup de consommateurs négligent de faire inscrire une telle clause et se retrouvent dans l'obligation de respecter le contrat. Dans de telles circonstances, le consommateur n'aura d'autre choix que de tenter de s'entendre avec le commerçant pour l'annulation du contrat. Le commerçant acceptera peut-être, mais il pourrait aussi exercer un recours en dommages et intérêts contre le consommateur.

Pour éviter de vous retrouver dans une situation semblable, vous pouvez aussi demander un prêt préautorisé à une institution financière. Ainsi, vous saurez si on vous accorde un prêt avant de signer le contrat d'achat. En outre, si vous obtenez un meilleur financement ailleurs, vous n'êtes pas obligé de contracter le prêt préautorisé.

Peut-on annuler un contrat d'achat d'automobile neuve?

Mieux vaut réfléchir deux fois avant de signer un contrat d'achat d'automobile, car, sauf dans quelques cas spécifiquement prévus par la loi, il n'existe pas de droit à l'annulation. Un contrat lie les deux parties.

Les négociations et le magasinage doivent donc être faits avant la signature, car la loi n'admet pas plus le «changement d'idée» que les impondérables (perte d'emploi, financement non disponible, etc.) comme motifs d'annulation. La croyance populaire qui veut qu'on dispose de 10 jours pour annuler n'importe quel contrat est un mythe qui n'a aucun fondement légal. Seuls les contrats de vente itinérante sont annulables dans les 10 jours.

Cela dit, il existe des exceptions à la règle. Ainsi, dans certains cas particuliers, le consommateur pourra faire annuler ou résilier son contrat.

• **Vous signez un contrat de financement avec le concessionnaire (vente à tempérament).** Vous avez alors **deux** jours, à compter du moment où vous êtes en possession du double du contrat, pour annuler la vente. L'article 73 de la LPC prévoit qu'un contrat de vente à tempérament peut être résolu sans frais ni pénalité, à la discrétion du consommateur, dans les **deux** jours qui suivent celui où chacune des parties est en possession d'un double du contrat. Vous ne devrez toutefois pas avoir pris possession du véhicule neuf. De fait, l'article 70 du Règlement d'application de la LPC stipule que ce droit ne s'applique pas si le contrat a pour «objet une automobile neuve dont le consommateur a pris livraison». Il faut noter que, en règle générale, les vendeurs de voitures neuves font signer le contrat de vente à tempérament au moment même où le consommateur prend possession du bien, ce qui annule donc la possibilité de résilier l'entente.

• **Vous ajoutez au contrat une clause d'acceptation du financement.** Au moment où vous signez le contrat d'achat, vous inscrivez au contrat une clause stipulant que, en cas de refus de financement par l'institution de votre choix, le contrat sera nul, sans frais ni pénalité. Si votre demande d'emprunt est refusée, vous pourrez faire annuler le contrat.

Le non-respect du contrat avant la prise de possession

On vous avait promis une voiture bleue aux banquettes grises et voilà qu'on s'apprête à vous remettre une automobile grise aux sièges noirs? Vous deviez prendre possession de votre nouvelle fourgonnette le 12 avril et, le 12 mai, vous n'en avez toujours pas vu le bout du pare-chocs? De tels inconvénients pourraient bien justifier l'annulation du contrat de vente, à condition, bien sûr, d'y avoir fait inscrire tous les détails et de ne pas avoir pris possession du véhicule.

De fait, vous devriez toujours faire inscrire la date de livraison au contrat, comme nous l'avons dit précédemment. Si vous avez tout de même signé un contrat stipulant une date de livraison imprécise du type «le ou vers le... (date)» ou si votre contrat ne contient pas une clause prévoyant son annulation en cas de non-respect du délai de livraison, vous n'êtes tout de même pas sans recours si le vendeur ne respecte pas ses engage-

ments. En effet, la cour pourrait vous accorder l'annulation du contrat, la réduction de vos obligations ou une compensation pour les dommages réels que vous aurez subis (une location de voiture, par exemple).

Assurez-vous que le contrat inclut une description détaillée du véhicule (marque, nom du modèle, cylindrée [et non pas seulement le nombre de cylindres], année du modèle, numéro de série). Faites inscrire une liste détaillée de tous les accessoires de série et optionnels commandés de même que leur prix. En cas de problème, c'est au contrat qu'on se référera pour définir avec précision quel était l'objet réel du contrat; tous ces détails descriptifs ont donc beaucoup d'importance.

Mieux vaut toutefois ne pas prendre possession d'un véhicule qui ne correspond pas à celui que vous aviez commandé, car il vous sera alors plus difficile d'exercer un recours. En prenant livraison du véhicule neuf, vous acceptez le modèle qu'on vous livre tel qu'il est. Faites donc une inspection de l'auto. Si elle ne correspond pas à ce qui est décrit au contrat, n'en prenez pas possession. Puis, tentez d'abord d'obtenir satisfaction auprès du commerçant. À défaut d'une réponse satisfaisante, vous pouvez le mettre en demeure de respecter son engagement ou de revoir le prix du véhicule à la baisse. Si vous n'obtenez pas satisfaction, demandez l'annulation de la vente. Si le commerçant vous poursuit pour bris de contrat, vous pourrez alléguer devant le tribunal les articles 40 et 42 de la LPC. La loi prévoit en effet que «un bien ou un service fourni doit être conforme à la description qui en est faite dans le contrat» et que «une déclaration écrite ou verbale faite par le représentant d'un commerçant ou d'un manufacturier à propos d'un bien ou d'un service lie ce commerçant ou ce manufacturier».

Il faut souligner, toutefois, que la cour n'annulera pas un contrat pour un problème mineur, comme les enjoliveurs de roues ou les bandes décoratives; en tel cas, la cour pourrait cependant imposer une réduction du prix équivalant à la valeur des accessoires optionnels omis. Par contre, la cour pourrait annuler le contrat pour un problème majeur, comme une couleur différente de la carrosserie, etc.

Si vous achetez une voiture par le biais d'un contrat de vente à tempérament, vous devrez faire vos réclamations au commerçant et à l'institution financière à laquelle le contrat est généralement cédé. De fait, cette dernière et le commerçant sont solidairement responsables de l'exécution du contrat en vertu de l'article 103 de la LPC.

La location à long terme d'une auto neuve

Si votre budget est trop serré pour que vous puissiez acheter une voiture, la location à long terme peut sembler une solution avantageuse. Mais l'est-elle vraiment? En fait, lorsque vous louez une voiture, vous payez en général plus de frais de gestion et de financement que si vous l'achetiez. Avant de signer un contrat de location, il est prudent de faire quelques calculs. Plusieurs vendeurs affirment que l'achat et la location s'équivalent, mais c'est rarement le cas, surtout si vous songez à racheter le véhicule au terme du bail.

La publicité sur la location à long terme met l'accent sur les faibles mensualités, la durée du contrat et la tranquillité d'esprit. Mais elle reste discrète sur la valeur du véhicule sur laquelle se basent les coûts de location, une information pourtant essentielle! Avant de signer, lisez bien le contrat et posez toutes les questions qui vous semblent importantes. Les pages suivantes vous aideront à y voir plus clair.

Ce qu'est la location à long terme

La location à long terme est un mode de commercialisation qui connaît une popularité grandissante depuis quelques années.

Deux raisons expliquent cette tendance: le coût des automobiles a considérablement augmenté tandis que les moyens financiers sont limités pour un nombre croissant de consommateurs.

Dans le domaine de l'automobile, comme dans celui de l'habitation, il est certes préférable d'être propriétaire plutôt que locataire. Toutefois, la location s'avère généralement plus accessible lorsqu'on dispose d'un petit budget et qu'on ne considère que les versements périodiques, qui sont généralement moindres que dans le cas d'un achat. Il est à noter cependant que la location d'une automobile s'avérera généralement plus coûteuse à terme que l'achat. Certaines précautions sont également recommandées avant d'opter pour cette formule.

La LPC régit de façon spécifique les contrats de location dont la période du bail est d'au moins quatre mois ou, après renouvellement, peut être de quatre mois ou plus. Même si la loi

LES ALLÉGATIONS DU VENDEUR

Le marché de l'automobile est fort concurrentiel et les vendeurs se disputent la clientèle à coups de slogans publicitaires, d'offres spéciales, de rabais ou de remises. Pour convaincre le client, tous les arguments sont bons. Mais certaines allégations portent souvent à confusion. Résultat: l'accessoire gratuit promis n'est pas disponible sur le modèle que vous avez choisi, le rabais n'est plus offert depuis telle date ou ne l'est que sur tel ou tel modèle. Bref, si vous vous en remettez uniquement aux arguments du vendeur ou de la publicité, vous risquez fort d'être déçu.

En fait, quelle que soit l'offre mirobolante avec laquelle on tente de vous séduire ou la grosseur des caractères du texte publicitaire, faites toujours inscrire ces promesses sur le contrat de vente. De cette façon, le vendeur sera lié par le contrat et, en cas de problème, vous pourrez exercer vos recours beaucoup plus facilement.

Sachez d'abord que, en vertu des articles 41 et 42 de la LPC, le commerçant est lié par ses déclarations publicitaires et par celles de ses représentants. De plus, l'article 224 c) de la LPC l'oblige à respecter le prix annoncé. Si on annonce à 15 000 $ une Atlantis, quatre portes, à transmission automatique et avec climatiseur, le commerçant doit vous fournir l'auto dé-

prévoit deux types de contrats en matière de location à long terme, soit «la location simple» et «la location avec valeur résiduelle garantie par le locataire», **nous traitons ici uniquement de la location simple** parce qu'elle est de loin la plus répandue.

Comme dans le cas d'un logement, le locataire d'une automobile paie pour le droit d'avoir le bien à sa disposition pendant la durée de son bail. L'automobile demeure la propriété du commerçant, qui devra la reprendre au terme du contrat, à moins que le locataire ne décide de l'acheter si son contrat prévoit une option d'achat. Comme il demeure libre de l'exercer ou non, le locataire devrait toujours exiger dans son contrat une option d'achat applicable en tout temps au cours du bail et à la fin de celui-ci.

Le locataire d'une automobile a principalement la responsabilité de payer le loyer; il doit aussi payer les taxes (TPS et TVQ), les réparations et les frais d'entretien

Les voitures neuves

crite à ce prix. Il ne pourrait vous réclamer 1 000 $ supplémentaires pour le climatiseur, par exemple, ou prétendre qu'il n'offre pas cette voiture à ce prix. Les concessionnaires prétendent souvent qu'il y a eu une erreur dans la publicité ou encore qu'ils ont vendu tous les modèles annoncés. Si cela vous arrive, allez ailleurs.

Par ailleurs, tous les détails de l'offre d'une auto neuve doivent être inscrits au contrat. Vous pourriez avoir de la difficulté à exercer un recours si le contrat indique que le climatiseur n'est pas inclus, et ce même si la publicité l'annonçait comme étant inclus. Rappelez-vous que signer, c'est s'engager, et que les deux parties sont liées par le contrat qu'elles ont signé. À vous donc de lire attentivement le contrat et d'exiger que tous les accessoires, de série et optionnels, et rabais promis y soient dûment inscrits.

Toutefois, si votre contrat pour une voiture neuve n'indique pas clairement que le climatiseur promis en option dans la publicité n'est pas inclus, vous pourriez dans ce cas mettre le commerçant en demeure de respecter ses engagements publicitaires.

En outre, la loi interdit au vendeur d'omettre un fait important, par exemple des changements apportés à l'équipement de série de la voiture, un délai de livraison plus long que celui apparaissant au contrat ou encore des augmentations de prix qui s'ajouteront au prix convenu lors de la livraison.

de l'auto (à moins que ces frais ne soient à la charge du locateur selon les termes du contrat), l'immatriculation ainsi que sa prime d'assurance. Enfin, s'il n'achète pas l'automobile, il doit la remettre en bon état, compte tenu de l'usure normale, au terme du bail. Le locataire bénéficie toutefois de toutes les garanties qui s'appliquent à l'automobile, tant les garanties de base que les garanties prolongées de même que les garanties supplémentaires, comme s'il était propriétaire de l'auto louée (voir pages 69 à 86).

Pour sa part, le locateur est responsable de la perte ou de la détérioration de l'automobile par cas fortuit: un vol, un incendie ou un accident qui ne résulte pas d'une faute commise par le locataire représentent généralement un cas fortuit dont la loi impose le risque au locateur, pour lequel celui-ci devrait lui-même s'assurer.

Louer ou acheter une auto neuve?

Le consommateur qui désire s'offrir une auto peut l'acheter comptant, financer son achat à

CONNAÎTRE LE PRIX COÛTANT

En communiquant avec l'Association pour la protection des automobilistes (APA), il est possible de connaître le prix coûtant du concessionnaire ainsi que le prix de détail suggéré par le constructeur pour la plupart des modèles, de même que pour leurs équipements optionnels. Au moment de la négociation du prix de votre voiture neuve, vous avez donc tous les atouts en main! Les membres de l'APA peuvent se prévaloir gratuitement de ce service (limite de deux véhicules par année). Pour les non-membres, il en coûte 25 $ plus taxes par prix demandé.

L'APA offre également à ses membres un service d'achat en les référant à un concessionnaire ou à un courtier sélectionné pour son service à la clientèle et ayant signé un code d'éthique avec elle. Selon l'APA, l'auto est offerte à un prix fixe très intéressant qui a été négocié au préalable. L'APA estime que l'économie habituelle se situe entre 300 et 1 000 $, en comparaison du meilleur prix qu'un consommateur pourrait obtenir. Le concessionnaire ou le courtier garantit qu'il n'y aura pas d'augmentation de prix après la signature du contrat, ni de baisse du montant accordé pour la vieille voiture. Il est à noter que ce service, offert pour la plupart des marques, est disponible dans les régions de Montréal, de Toronto et de Vancouver seulement.

l'aide d'un prêt personnel ou d'une marge de crédit, faire un achat à tempérament (par versements), ou au moyen d'un prêt du type achat-rachat. La location à long terme s'ajoute également à ces options.

Il existe deux types de contrats de location: la location simple dont nous traitons ici, et la location à valeur résiduelle garantie par le locataire. Ce second type de location se distingue principalement de la location simple par l'obligation du locataire d'assumer, à la fin du bail, une partie de la valeur résiduelle de l'automobile. Cette valeur résiduelle est déterminée par le locateur et elle doit être précisée au contrat. Pour compléter ce portrait, le crédit-bail constitue également une forme de location à long terme, mais les consommateurs ne peuvent s'en prévaloir parce qu'il est strictement réservé à des fins commerciales.

Les avantages de la location

Certaines personnes affirment opter pour la location pour les raisons suivantes:

LES DERNIÈRES VÉRIFICATIONS AVANT DE PRENDRE POSSESSION DE LA VOITURE

• Faites raturer toute mention selon laquelle vous vous déclarez satisfait du véhicule. Écrivez plutôt que vous en prenez livraison «en attendant une inspection plus complète». En effet, comment signer une telle clause sans avoir préalablement essayé votre nouvelle voiture? Faites-en le tour pour vous assurer que les accessoires demandés ont été correctement installés et qu'il n'y a pas de dommages. S'il y en a et qu'ils sont importants, refusez la livraison. Dans le cas où ils seraient mineurs, faites-les inscrire au contrat et prenez rendez-vous avec le service des réparations pour les faire corriger.
• Vérifiez l'odomètre. Il ne devrait indiquer que le kilométrage nécessaire à la vérification et à la préparation de l'automobile, c'est-à-dire une vingtaine de kilomètres au maximum.
• Si un problème survient peu de temps après la livraison, ne tardez pas à communiquer avec le vendeur ou le service des réparations. Car les «réglages» après la livraison sont garantis, dans certains cas, pendant une période plus courte que la garantie de base. Les réglages sont les réparations mineures qui ne nécessitent habituellement pas le remplacement d'une pièce (l'ajustement des portes ou des phares ou le parallélisme des roues, par exemple). Voyez à ce sujet votre manuel de garantie qui fournit parfois des précisions supplémentaires.

LES PRINCIPAUX MODES DE COMMERCIALISATION PERMETTANT D'ACHETER OU DE LOUER UNE AUTOMOBILE

Le prochain tableau décrit brièvement toutes les possibilités offertes au consommateur qui désire louer ou acheter une automobile.

Mode de commercialisation	Description sommaire
Location simple (avec ou sans option d'achat) Fréquente	Contrat de **location** qui prévoit des conditions d'accès à une auto durant au moins 4 mois. Le locataire ne doit pas s'engager à acheter l'auto, mais le contrat peut prévoir une option d'achat qu'il est libre d'exercer aux conditions prévues à son contrat.
Location avec valeur résiduelle garantie (par le locataire) Peu fréquente	Contrat de **location** qui prévoit des conditions d'accès à une auto durant au moins 4 mois et dans lequel le locataire doit garantir une partie de la valeur de revente du bien à la fin du bail.
Crédit-bail	Contrat de **location commerciale.** Ne peut être légalement conclu avec un consommateur.
Prêt achat-rachat	Contrat d'**achat** par lequel un consommateur acquiert une automobile qu'une institution financière s'engage à lui racheter aux conditions et dans les délais mentionnés au contrat de financement.
Achat comptant (inclut les achats financés par le consommateur à l'aide d'un prêt personnel ou d'une marge de crédit)	Contrat d'**achat** par lequel un consommateur acquiert une auto et possède immédiatement tous les droits d'en disposer.
Achat à tempérament (doit respecter les exigences strictes prescrites par la loi)	Contrat d'**achat** par lequel un consommateur s'engage à acheter une auto qui demeure la propriété de son créancier tant qu'il n'a pas acquitté tous les versements prévus.
Achat à crédit (financé par le commerçant ou une institution financière qui le fait en son nom. Non tenu de respecter les mêmes strictes exigences qu'un achat à tempérament)	Contrat d'**achat** par lequel un consommateur achète une auto et s'engage à acquitter tous les versements prévus pour le financement de celle-ci.

Droit de propriété du consommateur

Il peut devenir propriétaire de l'auto seulement si son contrat
(rédigé par écrit) prévoit une option d'achat et qu'il décide de
l'exercer.

Il a le droit d'acquérir l'auto en exerçant l'option d'achat prévue
à son contrat ou il peut exercer en tout temps un droit d'achat
accordé par la loi pour ce type de contrat.

Non applicable

Ce type de contrat constitue une location déguisée: le locataire
acquiert l'auto et il en demeure propriétaire durant la période de
financement. Au terme de cette période, il peut soit remettre l'auto
à l'institution financière en paiement du solde du prêt, soit la garder en lui versant ce solde.

Il devient propriétaire de l'auto dès la conclusion du contrat.

Il devient propriétaire de l'auto une fois acquittée la totalité ou une
partie de ces versements, selon le contrat.

Il devient propriétaire de l'auto dès la conclusion du contrat.

• en général, il s'agit de consommateurs qui changent fréquemment d'auto, par exemple tous les deux ou trois ans, ou qui ne sont pas intéressés à acheter une automobile;

• la location permet généralement de bénéficier de versements périodiques moindres. Par contre, cet aspect n'est pas le seul à considérer car, tout compte fait, la location coûte généralement plus cher à plus long terme que l'achat;

• la location permet d'étaler ou de réduire le paiement des taxes à la consommation, applicables sur le seul loyer versé; dans le cas d'un achat, ces taxes sont entièrement payables au moment de l'achat, car elles portent sur la totalité du prix de vente de l'auto;

• la location permet de s'offrir une auto plus luxueuse ou coûteuse compte tenu des versements périodiques moindres, de l'acompte exigé, qui peut être peu élevé, et de l'étalement des taxes.

Les avantages de l'achat

D'autres personnes disent préférer l'achat d'une automobile pour les raisons suivantes:

• le propriétaire a plus de latitude pour faire l'entretien et les réparations de son auto, surtout après l'expiration de la garantie du constructeur. Il peut choisir un réparateur

dont le taux horaire pourrait être moindre, recourir aux pièces usagées ou réusinées pour les réparations, modifier l'auto en ajoutant un toit ouvrant par exemple;

• le propriétaire peut disposer plus facilement de l'auto s'il doit interrompre les paiements (dans le cas de la résiliation d'un contrat de location, des coûts importants peuvent être exigés, surtout durant les premiers mois du bail);

• l'achat revient généralement moins cher, même si les versements périodiques sont plus élevés; l'acheteur bénéficie de la valeur de revente de l'auto et il peut s'en prévaloir lors d'un échange (le locataire peut être tenu de verser un nouvel acompte à chaque nouvelle location);

• l'achat offre la liberté d'utiliser à volonté l'auto sans tenir compte des frais du kilométrage additionnel prévus dans la plupart des contrats de location à long terme et de prêt achat-rachat, et sans devoir les payer à la fin du bail.

Comparaison du coût de la location à celui de l'achat

La location peut sembler moins chère que l'achat lorsqu'on ne compare que le montant des versements périodiques. Le prochain exemple démontre clairement que le coût total de la location revient plus cher lorsqu'on tient compte de *tous les coûts permettant de faire une comparaison équitable*. Il s'agit d'un exemple utilisé dans le seul but d'illustrer notre calcul comparatif. Précisons également que l'automobile présentée est **identique** pour comparer la vente et la location et que l'acompte fourni est équivalent dans les deux cas.

Dans le cas d'une location, le locataire peut être obligé de fournir un dépôt de garantie, remboursable à la fin du bail: ce dépôt ne doit pas être comptabilisé dans le coût de la location.

Même s'il n'y a pas de frais de crédit au sens strict de la LPC dans une location, il existe bel et bien un *coût en capital* que le commerçant doit assumer et qu'il refile au consommateur d'une façon ou d'une autre. Pour un montant identique, à un taux identique du loyer de l'argent, le coût en capital pour une location sera plus élevé que le montant des frais de crédit inhérents à l'achat, simplement à cause du

SIMULATION D'UNE VENTE

L'automobile proposée est vendue sans échange au prix de 15 000 $ avant les taxes, mais en incluant les frais de transport et de préparation. L'acompte est de 2 000 $ et le solde est financé sur 48 mois au taux annuel de 8 %.

La prime d'assurance et les coûts d'immatriculation sont exclus.

Le coût d'acquisition du consommateur peut se calculer ainsi:
• prix de vente de **15 000 $ + 1 050 $** (TPS: 7 %)
+ **1 203,75 $** (TVQ: 7,5 %) = ... **17 253,75 $**
• moins acompte de 2 000 $ = solde du prix
de vente à financer de: .... **15 253,75 $**
• plus des frais de crédit
(au taux annuel de 8 % sur 48 mois): .... **2 619,05 $**
• solde réparti en 48 versements mensuels
de 372,35 $, au total de: .... **17 872,80 $**

**Le coût d'acquisition du consommateur
est donc de 19 872,80 $, ainsi résumé:**
acompte: **2 000 $** + total des 48 versements
de 372,35 $, soit **17 872,80 $** = ... **19 872,80 $**

report à la fin du bail d'une partie de la valeur de l'auto. Une partie importante de la valeur de l'auto (correspondant au montant de l'option d'achat) n'ayant pas été payée durant le bail, il faut assumer jusqu'à la fin du bail le coût en capital s'appliquant à cette partie de la valeur de l'auto.

À l'opposé, dans le cas d'une vente, il y a paiement réparti sur toute la période de financement de la totalité du prix de l'auto et de son coût de financement.

Qu'en est-il des assurances?

Bien que la loi impute au locateur la responsabilité de la perte ou de la détérioration de l'automobile par suite d'un cas fortuit (par exemple, un vol, un incendie ou un accident n'impliquant aucune faute de la part du locataire), celui-ci a intérêt à s'assurer sans tenir compte de cette responsabilité du locateur. La police d'assurance du locataire devrait prévoir une protection complète, et comporter idéalement l'option «valeur à neuf» (voir page 109).

SIMULATION D'UNE LOCATION ASSORTIE D'UNE OPTION D'ACHAT

L a même automobile est louée sans échange. Le versement mensuel est de 257,19 $ pour 48 mois avant les taxes, mais en incluant les frais de transport et de préparation. L'acompte est de 2 000 $ et l'option d'achat de 4 920 $ est exercée à la fin du bail. Le coût en capital est calculé au taux annuel de 8 %. La prime d'assurance et les coûts d'immatriculation sont exclus.

Le coût (comparé) d'acquisition du consommateur peut se calculer ainsi:

• acompte de **2 000 $ + 140 $** (TPS: 7 %)
+ **160,50 $** (TVQ: 7,5 %), au total de = ... 2 300,50 $
• plus 48 versements de **295,84 $**
(257,19 $ + 18,01 $ [TPS: 7 %] + 20,64 $ [TVQ: 7,5 %]) = **14 200,32 $**
• coût minimal de location
(sans kilométrage additionnel, etc.) de:........................**16 500,82 $**
• plus l'option d'achat de 4 920 $ + 344,40 $ (TPS: 7 %)
+ **394,83 $** (TVQ: 7,5 %) =.. **5 659,23 $**

• soit un coût total (comparé) d'acquisition de:..........**22 160,05 $**

Le coût (comparé) d'acquisition du consommateur
est donc de 22 160,05 $, ainsi résumé:
acompte: **2 300,50 $** + total des 48 versements: **14 200,32 $**
+ option de **5 659,23 $** =... 22 160,05 $

Les conseils de l'OPC si vous optez pour une location

• **Précisez vos besoins et surtout votre budget avant de magasiner.** Vous serez moins porté à vous laisser influencer.

• **Ayez en tête un modèle précis** et magasinez auprès de plusieurs commerçants.

• **Comparez des pommes avec des pommes.** Il ne faut comparer entre elles que des locations en gardant toujours la même base de comparaison. Par exemple, pour un *acompte* de 2 000 $ et une *durée* de deux, trois ou quatre ans, quel sera le *coût des versements* périodiques et la valeur de l'*option d'achat*. Vous demande-t-on un dépôt de garantie pour prévoir les éventuels dommages à l'automobile durant la location?

• **Calculez le coût total de chaque proposition en considérant:**

— toutes les sommes payables *avant* la période de location (l'acompte, incluant le maximum de deux versements périodiques payés d'avance ainsi que tous les frais de services, selon le cas), **sauf le dépôt de garantie,** remboursable au locataire par le locateur à la fin du bail;

— le montant total que représentent les versements périodiques payables *durant* la location;

— la valeur de l'option d'achat *à la fin* du bail;

— les taxes de vente applicables *à chaque étape*.

• Si le contrat prévoit une limite de **kilométrage, négociez d'avance le coût des kilomètres excédentaires si vous prévoyez dépasser la limite autorisée.** Faites inclure cette disposition dans votre contrat.

• **Le choix du concessionnaire** est aussi un élément important à considérer.

• **Avant de louer, rappelez-vous que l'achat d'une auto neuve ou d'occasion correspondant à votre budget peut être une solution très intéressante.** Si vous ne pouvez pas obtenir un prêt pour acheter une automobile, vous ne pouvez probablement pas vous permettre de la louer.

Mettre fin à un contrat de location d'une automobile avant terme

Plusieurs raisons peuvent justifier la cession ou la résiliation du bail d'une automobile avant le terme convenu. La

---

Attention

Négociez pour obtenir les meilleures conditions possibles. Et surtout, ne signez rien avant d'avoir pris votre décision finale.

décision peut venir du consommateur lui-même en cas de perte d'emploi par exemple, ou de ses proches advenant le décès du locataire de l'automobile en cours de bail. À certaines conditions, le commerçant peut demander la résiliation du bail d'une auto louée à long terme à un consommateur qui ne respecte pas chacune des conditions du bail.

La LPC accorde au consommateur le droit de résilier en tout temps et à sa discrétion son contrat de location à long terme d'une automobile, et elle en fixe les principales modalités. Par contre, cette solution peut occasionner des frais importants, surtout au cours des premiers mois du bail. C'est pourquoi d'autres avenues sont envisageables lorsqu'il faut mettre fin prématurément au contrat de location à long terme d'une automobile. Toutefois, si le locataire décide de résilier son bail, la loi fixe certaines balises qui lui permettent de s'en tirer de façon équitable.

La loi prévoit deux types de contrats en matière de location à long terme: «la location simple» et «la location avec valeur résiduelle garantie par le locataire». **Rappelons que nous traitons ici uniquement de la location simple** parce qu'elle est de loin la forme la plus utilisée.

Qui n'a pas déjà déboursé une pénalité pour pouvoir résilier le bail de son appartement par exemple, ou même pour régler le solde d'une hypothèque avant son échéance? Toutefois, si chacun reconnaît de prime abord ce principe, il importe de comprendre quels sont les frais qui peuvent être exigés du locataire lorsqu'il lui faut mettre fin prématurément au contrat de location à long terme d'une automobile.

Comme on le sait, une automobile neuve connaît toujours une dévaluation plus rapide au cours des premiers mois d'utilisation. Certains modèles peuvent perdre jusqu'à 20 à 30 % de leur valeur marchande dès la première année. Cette dévaluation de l'automobile peut entraîner une perte financière importante à son propriétaire s'il doit s'en départir peu de temps après son acquisition.

Dans le cas d'une location, cette situation peut également se produire. Lorsque le locataire remet l'automobile au locateur avant l'échéance prévue, ce dernier peut subir une perte. La **perte réelle** subie sur la relocation de l'auto à un loyer inférieur ou advenant la vente de l'auto pourrait être réclamée du locataire ainsi que les **autres frais réels** qui découlent directement de la résiliation du contrat de location avant son terme.

La résiliation du bail apparaît donc comme une solution ultime, même si le locataire a le droit de s'en prévaloir en tout temps et à sa discrétion. C'est pourquoi il est avantageux pour le locataire de considérer toutes les autres possibilités s'il doit mettre fin prématurément à son bail. Voici quelles sont ces possibilités:

1 Le locataire peut céder le bail de l'automobile à une autre personne, consommateur ou non.

• Pour ce faire, le locataire doit fournir au locateur, de préférence par écrit, les nom et adresse de la personne à laquelle le bail doit être cédé, en demandant le consentement du locateur; si celui-ci n'avise pas le locataire de son refus dans les 15 jours de la réception de l'avis de cession de bail, le locateur est réputé avoir accepté la cession. Il va alors de soi que les motifs de refus fournis par le locateur doivent être sérieux; en cas de contestation du locataire, le locateur aura le fardeau de démontrer au tribunal le sérieux de ces motifs.

• La cession acceptée par le locateur ou, le cas échéant, validée par le tribunal dégage complètement le locataire de toute responsabilité à l'égard du bail, sauf si le bail comporte **une clause maintenant la responsabilité** du locataire en cas de cession de bail.

• À noter qu'une **clause du** **bail interdisant la cession ou la sous-location** ou ne permettant cette cession ou sous-location qu'en cas de consentement du locateur est interdite et par conséquent **nulle**.

2 Le locataire peut sous-louer l'automobile à une autre personne, consommateur ou non.

• La procédure pour une sous-location est identique à celle décrite précédemment en cas de cession du bail.

• Si le bail comporte une clause dégageant la responsabilité du locataire en cas de sous-location ou si le locateur accepte un dégagement de responsabilité en consentant à la sous-location, le locataire sera dégagé du bail. Dans tous les autres cas, le locataire demeurera **solidairement responsable du bail**, avec le sous-locataire duquel il répond, jusqu'à la fin du bail.

3 Le locataire peut exercer une option d'achat de l'automobile.

• Si le bail comporte une **option d'achat** que le locataire peut exercer **en tout temps**, surtout pendant la durée du bail, il peut être intéressant de s'en prévaloir pour ensuite récupérer la valeur de l'auto lors de sa revente.

• Comme la loi ne prévoit pas dans tous les cas le droit du consommateur d'acheter l'automobile, il est dans l'intérêt du consommateur de **faire inclure** dans tout contrat de location à long terme d'une auto le droit d'acheter celle-ci en tout temps et non seulement à la fin du bail.

4 Enfin, le locataire peut résilier le bail.
Pour obtenir la résiliation du bail, il suffit au locataire de remettre l'automobile au commerçant: le jour même de la remise, le contrat est résilié de plein droit, c'est-à-dire automatiquement. Dans ce cas, le locateur doit disposer de l'auto en la relouant ou en la vendant, de façon que ses dommages soient minimisés le plus possible: en effet, le **locateur ne peut réclamer du locataire rien d'autre que les dommages et intérêts réels** qui résultent directement de cette résiliation.

Pour connaître la situation au moment de la résiliation du bail, il faut d'abord se rappeler les modes de paiement applicables en cas de location. Comme on le sait, certaines sommes sont payables avant, pendant et après la période de location:

• les sommes payables *avant* la période de location sont l'acompte, un maximum de deux versements périodiques qui peuvent être exigés d'avance, ainsi que le dépôt de garantie, remboursable au locataire par le locateur à la fin du bail;

• les sommes payables *durant* la location sont les versements périodiques demandés pour le paiement du loyer;

• enfin, s'il y a lieu, les sommes payables *à la fin* du bail comprennent essentiellement les coûts du kilométrage additionnel et ceux de réparation de l'auto (autres que ceux découlant de l'usure normale).

En cas de résiliation en cours de bail d'un contrat de location, le commerçant peut conserver les sommes suivantes:

• du montant total versé par le locataire **avant** la période du bail, il peut retenir:

— la partie du loyer perçue sous forme d'acompte. Comme il peut conserver la totalité de cette somme, le montant de l'acompte représente donc un élément important à considérer lors de la signature du contrat. Il importe qu'il soit suffisant pour couvrir des frais occasionnés par une résiliation prématurée du bail sans être trop élevé, vu le droit du locateur de conserver entièrement cet acompte en cas de résiliation;

— un versement périodique de loyer perçu d'avance, **à la condition cependant que ce versement ait été *échu*** au moment de la résiliation du bail;

• du montant total versé par le locataire **durant** la période du bail, il peut retenir:

— tous les versements périodiques échus et perçus par le locateur au moment de la résiliation du bail.

En plus de retenir ces sommes, il peut également réclamer au locataire:

• les **seuls** dommages et intérêts réels qui sont une suite directe et immédiate de la résiliation;

• s'il y a lieu, les coûts de réparation de l'auto (autres que ceux découlant de l'usure normale) et de kilométrage additionnel, tout comme il y aurait droit à la fin du bail.

Cependant, le commerçant **n'a jamais le droit de conserver ou de réclamer:**

• du montant total versé par le locataire **avant** la période du bail:

— un versement périodique *perçu* **avant** la période du bail, mais non échu au moment de la résiliation. Par exemple, un versement périodique versé avant la période de location, pour couvrir le 24e mois du loyer, ne peut pas être conservé si seulement 20 mois de location sont écoulés. Le locateur doit donc le remettre au locataire sauf s'il est autorisé, en vertu d'une entente avec le locataire ou par une décision d'un tribunal, à conserver ce versement pour compenser sa réclamation en dommages et intérêts réels;

— le dépôt fourni en garantie entièrement remboursable à la fin du bail. Le locateur doit donc le remettre au locataire sauf s'il est autorisé, en vertu d'une entente avec le locataire ou par une décision d'un tribunal, à conserver ce dépôt de garantie pour compenser sa réclamation en dommages et intérêts réels;

• du montant total versé par le locataire **durant** la période du bail:

— les versements *échus* qu'il n'a *pas perçus* **durant** la période du bail précédant sa résiliation, puisque la réclamation en dommages et intérêts réels que lui accorde la loi permet de prendre en compte ces versements;

— les versements *non échus* relativement à la période du contrat de location sur laquelle porte la résiliation du bail, puisque la réclamation en dommages et intérêts réels que lui accorde la loi permet de prendre en compte ces versements;

— des frais de nettoyage de l'automobile pour la remettre en location ou en vente. Il va de soi qu'une auto usagée présente de l'usure normale que le locataire n'a pas à assumer; en outre, le locateur ne peut prétendre que la résiliation du bail impose l'obligation de nettoyer l'automobile à ce moment, pas plus d'ailleurs qu'à la fin du bail;

— des frais d'entreposage ou d'assurance pour couvrir la période d'attente précédant la relocation ou la vente de l'automobile: ces frais ne sont pas occasionnés par la résiliation du contrat, puisque le commerçant devrait les assumer de toute façon à la fin du bail;

— des frais de remorquage non requis par le locataire ou convenus avec celui-ci, sauf en cas de reprise forcée de l'auto.

Même si le bon sens doit guider la détermination de chacun de ces frais, la question des dommages et intérêts réels entraîne souvent des litiges entre commerçants et consommateurs. Lorsqu'il est impossible d'arriver à une entente à ce sujet, le consommateur possède un dernier recours: attendre la réclamation du locateur et la contester devant le tribunal (si la réclamation n'excède pas 3 000 $, à la cour des petites créances).

Il faut spécifier qu'en aucun cas le locateur peut confisquer le dépôt de garantie ou le montant qu'il doit rembourser au locataire (par exemple un versement perçu d'avance, mais non échu) à moins d'avoir obtenu l'accord du locataire à cet effet. Lorsqu'il y a contestation de la réclamation par le consommateur, le locateur doit s'adresser au tribunal pour faire trancher la question: si la décision est favorable au locateur, celui-ci pourra alors se rembourser en puisant au montant qu'il détient en garantie.

Si le consommateur ne respecte pas ses obligations...

Il est possible qu'il soit nécessaire de mettre fin au bail avant terme parce que le locataire n'exécute pas chacune des obligations que lui impose son contrat de location ou la

Loi sur la protection du consommateur. Par exemple, si le locataire ne paie pas son loyer à échéance ou qu'il est dans l'incapacité d'assurer l'automobile et d'en effectuer l'entretien requis, la loi accorde au commerçant le choix entre les trois recours suivants:

• l'exigence du paiement immédiat de tout ce qui est **échu** (ce qui exclut naturellement tout versement **non échu**);

• l'application d'une clause de déchéance du bénéfice du terme prévu au contrat (soit exiger non seulement les versements échus, mais aussi tous ceux qui ne le sont pas encore). Le commerçant qui veut se prévaloir d'une telle clause doit suivre les formalités prescrites par la loi: dans ce cas, un avis de 30 jours de remédier à la situation doit parvenir au consommateur;

• la reprise de l'auto louée, conformément aux prescriptions de la loi, après l'envoi de l'avis de 30 jours semblablement exigé.

Durant les 30 jours dont dispose le consommateur pour remédier à la situation, il peut soit payer la somme due, soit utiliser l'un des moyens explicités précédemment (exercer l'option d'achat, céder le bail, souslouer l'auto ou résilier son contrat) ou encore s'adresser au tribunal pour faire modifier ou réduire ses obligations.

HUIT POINTS À RETENIR

1 Au moment de votre magasinage chez les concessionnaires, ne signez pas d'offre d'achat ou de contrat avant d'avoir arrêté votre choix sur le véhicule et sur le concessionnaire. Ne cédez surtout pas aux arguments du genre «C'est juste pour préserver le prix» ou encore «C'est le dernier modèle disponible». Ne signez pas avant qu'une description complète du véhicule ait été faite. N'oubliez pas: signer... c'est s'engager.

2 Essayez vous-même sur la route le véhicule qui vous intéresse; ne vous fiez pas aux seuls commentaires de vos amis. Prévoyez un parcours varié (en ligne droite, côtes, virages) afin de bien juger le comportement du véhicule. Évaluez la visibilité vers l'avant, sur les côtés et vers l'arrière. Vérifiez si les ceintures de sécurité et l'accès aux divers accessoires vous conviennent.

3 Avant de signer toute entente, lisez bien la description du véhicule faite au contrat. Par exemple, la mention «bleu» pour la couleur est trop générale et peut prêter à confusion. Indiquez plutôt «bleu caraïbe» ou «bleu azur». Faites inscrire au contrat toutes les promesses verbales du vendeur... Les paroles s'envolent, mais les écrits restent.

4 Rappelez-vous que, même si les concessionnaires proposent des rabais ou d'autres offres alléchantes, vous pouvez toujours négocier le prix du véhicule qui vous intéresse: le vendeur s'attend que vous marchandiez et prévoit souvent une certaine marge de manœuvre.

5 Si vous avez été attiré par une publicité écrite, apportez-la chez le concessionnaire. Le vendeur ne pourra prétendre que vous avez mal lu pour tenter de vous vendre un modèle plus cher. Conservez la publicité; elle fait partie intégrante du contrat.

6 On vous offre une garantie supplémentaire? Pesez bien le pour et le contre avant de prendre une décision (voir page 72). Ne vous laissez pas intimider par les pressions du vendeur et vérifiez plutôt attentivement les avantages déjà accordés par la garantie de base du constructeur.

7 On vous offre un traitement antirouille? Attention: le constructeur le déconseille peut-être, et souvent ça ne vaut pas le coup, ni le coût! Il est préférable de faire appliquer l'antirouille chez un garagiste et de choisir un produit liquide. En effet, les produits qui durcissent forment une coquille sur le véhicule et, à la longue, des fissures apparaissent.

8 Il n'y a que dans le cas de la vente itinérante que les consommateurs ont 10 jours pour annuler un contrat. Avant de vous engager dans le domaine de l'automobile, pensez-y donc à deux fois.

Les voitures d'occasion

3

uoi de plus normal, quand on souhaite acquérir une automobile, que de jeter d'abord un coup d'œil du côté des autos d'occasion? Rouler coûte tellement cher qu'il est bien légitime d'essayer de réaliser des économies.

L'achat d'une voiture d'occasion

L'achat d'une auto d'occasion peut s'avérer une bonne affaire. À condition, évidemment, de ne pas acheter la première «minoune» venue. Pourquoi devrait-on envisager de prendre le volant d'une auto d'occasion? Principalement parce que la valeur marchande d'une voiture neuve diminue très vite les deux premières années, parfois jusqu'à 40 %.

Il est vrai que les voitures usagées font moins tourner les têtes. Par contre, comme elles ont roulé, on dispose d'informations assez précises sur la fiabilité des différents modèles. On peut donc en choisir un qui a fait ses preuves. Par ailleurs, les garanties de base des constructeurs étant de trois à cinq ans, il est possible d'acheter une auto encore garantie. De plus, les assurances et les pièces de rechange sont souvent moins chères. Les défauts de fabrication, s'il y en a, sont connus et ont peut-être été corrigés. Quant aux problèmes qui pourraient subsister, on peut s'en servir pour négocier le prix à la baisse!

Comme toute médaille a son revers, l'acquisition d'une auto d'occasion n'est pas toujours sans inconvénients, surtout pour l'acheteur novice en la matière. Par exemple, l'état de deux autos de marque ou de modèle identique peut varier considérablement. D'où l'importance de magasiner d'un œil averti et de demander à un mécanicien compétent de procéder à une inspection minutieuse avant l'achat.

Le magasinage et l'essai

Pour vous aider à faire le bon choix, nous vous présentons à la page 159 une fiche de magasinage dans laquelle sont consignés les points à vérifier avant de conclure l'achat d'une voiture d'occasion d'un commerçant ou d'un particulier. Faites-en des photocopies et remplissez-en une pour chaque modèle qui vous intéresse. Il vous sera ensuite plus facile de faire un choix éclairé.

Fixez-vous d'abord un budget spécifique et limitez votre recherche à deux ou trois modèles; vous aurez ainsi une meilleure base de comparaison. Pour éviter les déplacements inutiles, il est bon de recueillir le plus de renseignements possible au téléphone. Puis, de comparer les renseignements obtenus avec ce que vous constatez sur place. Si quelqu'un de votre entourage connaît bien la mécanique, demandez-lui de vous accompagner au moment de l'essai du véhicule. Ces étapes vous permettront d'éliminer les modèles qui ne correspondent pas à vos critères.

Enfin, si vous lorgnez toujours quelques modèles après avoir procédé à une première sélection, classez-les par ordre d'intérêt et faites inspecter le premier véhicule par un mécanicien d'expérience (environ 80 $). S'il s'avère en bonne condition, achetez-le et tenez-vous-en à ce choix, sinon vous devrez débourser pour chacune des inspections additionnelles.

C'est maintenant le temps d'effectuer un essai sur route (voir page 170) en fermant la radio pour bien entendre tout bruit suspect du moteur ou de la transmission. Mettez le moteur en marche et assurez-vous que tous les voyants et indicateurs fonctionnent normalement. Testez le fonctionnement du plafonnier, des phares, des clignotants, du signal de détresse, des essuie-glaces, du chauffage, de la radio et des autres accessoires. En roulant, soyez attentif à tout bruit suspect ou vibration anormale. Les manœuvres sont-elles faciles, la conduite agréable?

La vérification par un mécanicien

Après l'essai routier, la voiture vous intéresse-t-elle autant? Avant de signer un chèque et de partir au volant de votre nouvelle auto, il est essentiel de la faire inspecter par un mécanicien même si rien ne vous y oblige. Vous pouvez lui demander de vérifier l'auto en utilisant le formulaire de vérification à la page 161. Son verdict vous indiquera si vous faites réellement une bonne affaire ou, au contraire, si, sous des dehors rutilants, l'automobile est tout juste bonne pour la casse!

Notez toutefois que, pour une voiture de trois ans et plus, on peut s'attendre que l'inspection révèle de 300 à 800 $ de réparations. Négociez alors le prix en conséquence. Si la voiture est vendue par un commerçant, il préférera sans doute effectuer lui-même les travaux. En cas de doute, faites-lui savoir que vous avez l'intention de faire vérifier les réparations par votre garage avant de conclure le contrat.

L'inspection

Si vous achetez une voiture d'occasion, vous n'êtes pas tenu de la faire examiner par un expert avant l'achat, bien que cela vous soit fortement recommandé. Plusieurs commerçants, par exemple, ne vous diront pas que le véhicule a été reconstruit, même s'il a déjà été déclaré «perte totale». Un véhicule reconstruit, même s'il est bien réparé et que rien n'y paraît, voit pourtant sa valeur diminuer dans un grand nombre de cas. L'inspection est donc essentielle si on veut avoir l'heure juste sur l'état réel et la valeur du véhicule qu'on s'apprête à acheter.

Comment reconnaître les vices cachés

Malgré ses airs coquets, la voiture que vous venez d'acheter laisse s'infiltrer l'eau à la moindre averse? Il pourrait bien s'agir d'un vice caché. Un vice caché est un défaut grave existant au moment de l'achat, inconnu de l'acheteur et qu'il ne pouvait déceler par un examen raisonnable. Généralement, le vendeur ne connaît pas l'existence de ce problème, car, dans le cas contraire, il s'agirait plutôt de fausse représentation ou de l'omission d'un fait important. Toutefois, le commerçant ne peut jamais invoquer son ignorance d'un vice caché pour se soustraire à ses obligations envers l'acheteur. En effet, la loi lui impose la connaissance à titre de vendeur professionnel et, conséquemment, la responsabilité de tout vice caché, même de celui qu'un expert chevronné n'aurait pu lui-même découvrir. Le vice caché peut être lié à un défaut de fabrication (pièce défectueuse) ou de main-d'œuvre (problème d'installation, de réparation ou d'assemblage). Soulignons toutefois qu'une preuve de vice caché est très difficile à faire.

Si vous achetez votre voiture d'un particulier, la situation est un peu différente. Le particulier peut vous demander — et il vous le demandera probablement — de renoncer à la garantie de qualité (contre les vices cachés) prévue par le *Code civil*. À moins de pouvoir démontrer que le particulier a agi avec malice et vous a trompé intentionnellement, vous ne pouvez exercer contre lui de recours fondé sur la découverte tardive d'un vice caché. Une preuve de mauvaise foi n'est pas facile à faire et pour éviter les mauvaises surprises, il est donc préférable de faire examiner la voiture par un spécialiste avant l'achat.

Caché ou apparent, le vice? Les deux exemples suivants illustrent bien la différence entre un vice caché et un vice apparent.

Vous achetez l'auto de votre comptable, un modèle d'il y a cinq ans. Moins de deux semaines après l'achat, vous vous rendez chez un garagiste pour gonfler les pneus, que vous jugez trop mous. Le garagiste vous informe alors que les quatre pneus sont complètement usés et qu'ils doivent absolument être changés. Pourtant, votre comptable ne vous en avait rien dit. Déçu, vous lui réclamez le prix des pneus, alléguant qu'il s'agit d'un vice caché.

Malheureusement, vous ne pourrez exercer de recours pour vice caché, car un simple examen ordinaire de la voiture, au moment de l'achat, vous aurait permis de constater l'usure des pneus.

De son côté, votre fille achète d'un vendeur professionnel sa première voiture, construite il y a six ans. Un mois après l'achat, le moteur «saute». Elle se rend alors chez un mécanicien qui l'informe, après avoir démonté le moteur, que celui-ci a sauté en raison d'un bris anormal d'une pièce interne du moteur. Cette pièce avait été endommagée.

Votre fille pourra faire une réclamation pour vice caché, car un examen ordinaire ne lui aurait pas permis de déceler ce problème. Il faudra cependant qu'un expert prouve que ce vice existait bel et bien au moment de l'achat.

L'achat d'une auto d'occasion chez un commerçant

Les commerçants doivent détenir un permis de vente d'automobiles d'occasion et fournir un cautionnement pouvant servir éventuellement à indemniser les consommateurs lésés. Ce permis est exigé par la SAAQ. Ils sont également tenus, en vertu de la LPC et du *Code civil*, aux garanties imposées par la loi sur les automobiles qu'ils vendent. De plus, la LPC prévoit une garantie spéciale de bon fonctionnement pour les autos de catégorie A, B et C (voir page 82). Des recours sont donc possibles si l'automobile de vos rêves se révèle un citron!

Par ailleurs, méfiez-vous des encans d'automobiles d'occasion qui visent les particuliers. Souvent, les voitures ainsi mises aux enchères n'ont pas d'étiquette et les vendeurs refusent de les garantir. De plus, vous n'avez pas la possibilité de faire examiner l'auto avant l'achat. De ce jeu, le consommateur sort souvent perdant!

L'étiquette: une mine de renseignements

La LPC oblige le commerçant, qu'il soit concessionnaire ou vendeur d'autos d'occasion, à apposer une étiquette dûment remplie bien en vue sur chaque véhicule d'occasion offert en vente. Selon une enquête menée par l'Association pour la protection des automobilistes (APA) en 1996, environ un commerçant sur cinq se conforme adéquatement à cette exigence. Il faut donc être très prudent avant de conclure un contrat avec un vendeur de voitures d'occasion. D'autant plus qu'il semble, malheureusement, que les fraudes soient nombreuses en ce domaine.

L'étiquette obligatoire doit comporter tous les renseignements devant vous permettre de prendre une décision éclairée. Assurez-vous donc qu'une étiquette est bien apposée sur le véhicule, qu'elle est dûment remplie et qu'elle correspond à ce véhicule. Vérifiez si le contenu de cette étiquette se conforme au modèle d'étiquette reproduit aux pages 58 et 59. Au moment de l'achat, exigez que cette étiquette, dûment signée par le commerçant ou son re-

présentant, soit annexée au contrat de vente de l'auto d'occasion, comme l'exige la loi.

Par ailleurs, la loi permet au commerçant d'exclure de la garantie de bon fonctionnement certaines défectuosités d'une voiture d'occasion, à condition de les énumérer sur l'étiquette et de joindre à cette énumération une évaluation du prix qui liera le commerçant. Par contre, il ne peut y inscrire une clause du type «Vendue telle que vue», «Sans aucune garantie», etc. Le commerçant ne peut refuser d'exécuter la garantie imposée par la loi, et ces clauses sont sans effet. Examinez donc attentivement le document précisant les conditions et les restrictions de la garantie (voir pages 69 à 86).

Enfin, si un véhicule a été utilisé par un organisme public ou un commerce (par exemple, à titre de taxi ou de voiture de démonstration), on doit mentionner sur l'étiquette l'identité de cet organisme ou de ce commerce ainsi que chaque utilisation faite de l'auto. Exigez également le nom et le numéro de téléphone du dernier propriétaire utilisateur de l'auto, comme la LPC le prévoit. Informez-vous auprès de lui de l'état antérieur du véhicule.

Le délai d'annulation

S'il s'agit d'un contrat de crédit, une vente à tempérament par exemple, ou si la voiture

L'ÉTIQUETTE

Informations obligatoires sur l'étiquette devant être apposée sur une auto d'occasion.

COORDONNÉES DU COMMERÇANT

N° DE L'ÉTIQUETTE

Nom: _____

N° de licence du commerçant: _____

Adresse: _____

Ville: _____ Code postal: _____

N° d'enregistrement: TPS _____

Tél.: _____ Télécopieur: _____

TVQ _____

MARQUE	MODÈLE	ANNÉE DU MODÈLE

CYLINDRÉE du moteur _____ cc ou _____ litre(s) ou _____ po³	N° DE SÉRIE

L'ODOMÈTRE indique _____ km, ou _____ mi.

La distance RÉELLEMENT parcourue est de _____ km, ou _____ mi.

CAS D'UTILISATION ANTÉRIEURE (s'il y a lieu) comme: ☐ taxi ☐ auto-école ☐ auto de courtoisie ☐ ambulance

☐ auto de commerce ou d'organisme public (le cas échéant, à compléter): ☐ auto de police ☐ auto de location ☐ démonstrateur

• Identité de chaque commerce ou organisme public qui a loué l'auto à long terme ou en a été propriétaire (annexer liste au besoin)

1. _____ 2. _____ 3. _____

SUR DEMANDE, LE COMMERÇANT FOURNIRA LE NOM ET LE N° DE TÉLÉPHONE DU DERNIER PROPRIÉTAIRE UTILISATEUR.

La **CATÉGORIE** dépend de la date de mise en marché* et du kilométrage parcouru par l'automobile (en cocher une seulement)

☐ **A** 2 ans ou moins et pas plus de 40 000 km ☐ **B** 3 ans ou moins et pas plus de 60 000 km ☐ **C** 5 ans ou moins et moins de 80 000 km ☐ **D** plus de 5 ans ou plus de 80 000 km

* Il s'agit de la date de lancement par le fabricant au Québec des automobiles de même modèle et année de fabrication.

Les **GARANTIES IMPOSÉES PAR LA LOI** (la renonciation de l'acheteur à ces garanties est nulle)

1. La garantie de **SÉCURITÉ**
   - Elle s'applique en tout temps à toutes les catégories. Elle couvre principalement les vices cachés et les défectuosités non réparées et non décrites ci-dessous et non remises au(x) consommateur(s) manuel(s) d'entretien.

2. La garantie d'**USAGE NORMAL**
   - Elle est applicable à **TOUTES LES CATÉGORIES**; la durée raisonnable de l'usage normal varie selon le prix payé et les défectuosités non réparées indiquées, le cas échéant, sur cette étiquette.

3. La garantie de **BON FONCTIONNEMENT**
   - Elle s'applique jusqu'au premier terme atteint (ci-dessous), suivant la catégorie (cochée ci-dessus).

A 6 mois ou	**B** 3 mois ou	**C** 1 mois ou	**D** non applicable

---

Exemple
Marque: Ford
Modèle: Taurus
Année: 1992
Cylindrée: 3 000 cc
N° de série:
2FAPPI00FRDB00300

• Il ne suffit pas d'indiquer le nombre de cylindres (4 cylindres par exemple); seule la cylindrée (1 600 cc par exemple) indique précisément la puissance du moteur.

• Il peut y avoir une différence entre la distance réellement parcourue et l'indication de l'odomètre si, par exemple, l'odomètre a été altéré, réparé ou remplacé (si c'est le cas, vous pourriez faire annuler la vente ou obtenir une réduction de prix.)

• Exigez le nom et le numéro de téléphone de l'ancien propriétaire. Informez-vous auprès de lui de l'état antérieur du véhicule.

• Une voiture affichant 82 000 km à l'odomètre et payée plusieurs milliers de dollars devrait rouler plus de trois semaines! Si le moteur ou la transmission lâchent, le commerçant doit payer les réparations ou vous indemniser, car vous n'avez pas eu une jouis-

• Si un véhicule a été utilisé par un organisme public ou un commerce, on doit vous mentionner son identité et chaque utilisation faite de l'auto.

• Une de ces catégories doit être obligatoirement cochée, même si on offre un autre type de garantie, en plus des garanties imposées par la loi.

58

• Exigez et examinez attentivement le document précisant les conditions et les restrictions de la garantie (sans document écrit, la garantie ne peut comporter de restrictions).

• Le commerçant est obligé de vous les mentionner. S'il vous dit verbalement qu'il a réparé quelque chose, exigez qu'il l'inscrive à cet endroit.

• Cette section permet à l'acheteur d'évaluer l'état réel de l'automobile; l'absence de mentions indique un état normal.
• Si une défectuosité non indiquée ou mal indiquée apparaît et qu'elle ne résulte pas d'un usage abusif de votre part, vous pourriez obtenir un dédommagement. Pour une auto de catégorie D, et une fois la garantie de bon fonctionnement expirée pour les autos de catégorie A, B et C, la valeur de ce dédommagement dépendra principalement du prix payé.

• Ce certificat, délivré par la SAAQ, est obligatoire pour immatriculer notamment une auto d'occasion qui vient d'être importée au Québec ou une auto reconstruite après avoir été déclarée gravement accidentée. Attention cependant: il s'agit d'une vérification des éléments de sécurité de l'auto et non pas de son état mécanique général.

---

4. La garantie du FABRICANT • **Si elle est encore valide** (seul le fabricant peut le confirmer), elle doit être transférée à l'acheteur, sans frais ni conditions, sur simple avis au fabricant.

Les **GARANTIES OFFERTES PAR LE COMMERÇANT** (cocher et remplir si applicable)

☐ supplémentaire (préciser) _____
☐ autre (préciser) _____

☐ **INCLUSE** dans le prix (ou le loyer)   • **DURÉE:** _____   • **COÛT:** inclus
☐ **EN SUPPLÉMENT** du prix (ou du loyer)   • **DURÉE:** _____   • **COÛT:** _____ $

Les **RÉPARATIONS EFFECTUÉES** depuis que le commerçant possède l'auto (annexer une liste au besoin)

1. _____   2. _____
3. _____   4. _____

Les **DÉFECTUOSITÉS NON RÉPARÉES** (annexer une liste au besoin)   • **COÛT GARANTI DE RÉPARATION***

1. _____   _____ $
2. _____   _____ $
3. _____   _____ $

• **Sauf indication contraire**, la garantie du coût de réparation s'applique aux catégories A, B et C seulement.
Cette évaluation de coût est **valide** pendant _____ jours ou _____ mois, à compter de la date du contrat.

Un **CERTIFICAT DE VÉRIFICATION MÉCANIQUE** (cocher selon le cas)
☐ **SERA REMIS** au consommateur à la signature du contrat   ☐ **N'EST PAS EXIGÉ** en vertu du *Code de la sécurité routière*

Pour **LOCATION**, la **VALEUR AU DÉTAIL** est de: _____ $ | **PRIX DE VENTE:** _____ $

ÉTIQUETTE remplie le (date): _____   **SIGNATURE DU COMMERÇANT:** _____

L'ÉTIQUETTE DÛMENT REMPLIE DOIT OBLIGATOIREMENT ÊTRE **ANNEXÉE AU CONTRAT** DE VENTE OU DE LOCATION

...qui ne peut se soustraire à la garantie contre les vices cachés prévue dans la *Loi sur la protection du consommateur* (articles 37, 38 et 53). Un vice caché est un défaut grave, existant au moment de l'achat, que l'acheteur ne peut déceler au cours d'un examen raisonnable de l'auto. Des pneus usés ne sont pas un vice caché, contrairement, par exemple, à un bris anormal d'une pièce interne du moteur.

• Le consommateur peut aussi s'adresser à un concessionnaire de la marque pour faire confirmer la validité de la garantie et faire effectuer le transfert.

• L'acheteur doit d'abord s'adresser au commerçant pour obtenir les réparations au coût garanti. En cas de défaut ou de refus du commerçant, l'acheteur pourra les faire effectuer ailleurs et réclamer, le cas échéant, la différence de prix au commerçant.

est louée à long terme avec obligation pour le consommateur quant à la valeur résiduelle, il est possible d'y mettre fin unilatéralement, mais à la condition de faire vite! Les articles 73 et 150.23 de la LPC prévoient en effet qu'un tel contrat peut «être résolu sans frais ni pénalité, à la discrétion du consommateur, dans les **deux** jours qui suivent celui où chacune des parties est en possession d'un double du contrat».

Pour annuler, vous devez remettre au commerçant (à l'intérieur du délai de **deux** jours suivant la remise du contrat) la voiture d'occasion achetée à tempérament si vous l'avez déjà en votre possession. Par contre, si vous n'avez pas encore pris livraison de la voiture, vous devez aviser le commerçant par écrit (en lui remettant l'avis de main à main devant votre témoin ou encore par courrier recommandé) de votre intention de ne pas donner suite au contrat, toujours dans un délai de **deux** jours. Mais attention, vous ne pourrez annuler votre contrat s'il vous est impossible de remettre l'automobile dans l'état où vous l'avez reçue.

Dans le cas d'une voiture neuve, il faut noter que le contrat de vente à tempérament et celui de la location à long terme avec valeur résiduelle garantie par le consommateur peuvent être résiliés dans un délai de deux jours

uniquement si le consommateur n'a pas pris livraison du véhicule. En général, les vendeurs et les locateurs d'autos neuves font signer le contrat au moment même où le consommateur prend possession du bien, ce qui annule le privilège qu'accordent les articles 73 et 150.23 de la LPC.

La signature du contrat de vente

Le contrat de vente par un commerçant d'une voiture d'occasion doit être écrit et comporter les indications suivantes:
• le numéro de la licence délivrée au commerçant par la SAAQ;
• la date du contrat et le lieu où il a été conclu;
• vos nom et adresse, et ceux du commerçant;
• le prix de la voiture;
• les droits exigibles en vertu d'une loi fédérale ou provinciale (taxes);
• le total des sommes que le consommateur doit débourser en vertu du contrat;
• les caractéristiques de la garantie.

Vérifiez si le modèle de contrat qui vous est proposé contient ces indications; surtout, assurez-vous que le contrat est dûment rempli, que l'étiquette y est bien annexée et que ce contrat comporte l'inscription de toutes les mentions et promesses du vendeur.

Attention, si l'obtention d'un crédit est une condition de la validité du contrat, faites inscrire les modalités de ce crédit (qui doit le négocier, auprès de quelle institution, pour quelle durée, à quel taux, etc.): un contrat qui ne prévoit pas la négociation d'un crédit constitue un contrat au comptant, en vertu duquel vous êtes lié fermement au vendeur, sans aucune possibilité d'annulation, même dans les deux jours prévus par la loi!

Tout ce qui est inscrit sur l'étiquette apposée sur la voiture d'occasion fait automatiquement partie du contrat, d'où l'importance d'en exiger copie au moment de l'achat. Toutefois, la plupart des commerçants ne remplissent pas correctement les étiquettes apposées sur les voitures d'occasion. Dans ce cas, exigez que le commerçant qui vous vend la voiture remplisse l'étiquette, y appose sa signature et vous en remette une copie.

Notez que les conditions négociées quant à la garantie ne peuvent être moindres que celles prévues aux garanties imposées par la loi (voir à ce sujet le formulaire d'étiquette aux pages 58 et 59). Par ailleurs, exigez que le vendeur inscrive sur le contrat toutes les promesses et les déclarations verbales qu'il vous a faites, et ce avant de signer. Et n'oubliez pas que votre signature vous engage complètement: vous n'avez aucune période de réflexion pour annuler un contrat d'achat au comptant.

Si des renseignements importants ne vous ont pas été divulgués sur l'étiquette ou dans le contrat (la voiture a déjà été déclarée «perte totale», un problème majeur nécessite des réparations, etc.), vous pourrez alors exercer un recours et alléguer, s'il y a lieu, que vous n'auriez pas acheté ce véhicule ou ne l'auriez pas payé aussi cher si on vous avait informé de ce fait. Vous pourrez aussi démontrer, le cas échéant, que le véhicule présente des problèmes qui vous ont été cachés.

L'achat et la vente entre particuliers

Près de 50 % des consommateurs choisissent de transiger avec un particulier plutôt qu'avec un commerçant. Ils espèrent ainsi payer moins cher. Et ils ont raison, puisque les particuliers demandent habituellement de 10 à 30 % de moins que les commerçants de voitures d'occasion, en plus d'être en mesure de fournir en toute connaissance de cause des détails sur l'état du véhicule, l'entretien et les réparations. Autre avantage: il n'y a pas de taxe sur les produits et les services (TPS) quand on achète l'auto d'un autre consommateur (voir page 88).

Soyez prudent toutefois. Il peut arriver que la voiture

achetée soit un véhicule volé. Ou qu'elle ait été donnée en garantie d'un prêt d'argent. Dans ce dernier cas, le prêteur, qui est le véritable propriétaire, aurait le droit de reprendre possession de l'automobile. Prenez garde également aux commerçants qui se font passer pour des particuliers pour éviter d'être assujettis à la LPC. Demandez de voir l'immatriculation et la preuve d'assurance et assurez-vous que le nom qui y est inscrit est bien celui de la personne qui vend le véhicule.

Il faut savoir que la loi ne prévoit pas l'application de la LPC aux contrats conclus entre particuliers; en tel cas, la transaction reste soumise aux dispositions du *Code civil* dont celles concernant la garantie de qualité, notamment sur les vices cachés. Le vendeur et l'acheteur peuvent cependant se protéger contre d'éventuelles mauvaises surprises en consignant par écrit toutes les conditions de la transaction dans un contrat en bonne et due forme. Vous trouverez inséré à l'intérieur de ce guide un contrat type entre particuliers; utilisez-le pour votre prochaine transaction.

Conseils à l'acheteur

Voici quelques conseils utiles qui vous aideront à acheter une automobile d'occasion sans problème.

L'automobile que vous convoitez est-elle en bon état?

D'abord un principe élémentaire: n'achetez jamais un véhicule d'occasion sans l'avoir examiné en détail, en pleine lumière. Vous pourrez ainsi vous faire une opinion plus précise de son état général et particulièrement de celui de sa carrosserie. Demandez au vendeur la permission d'effectuer un essai et n'hésitez pas à lui poser toutes les questions pertinentes. Pour vous aider, référez-vous aux sections traitant du magasinage et de l'examen de la voiture (voir pages 54 et 159).

Il est évident qu'un examen superficiel du véhicule ne peut permettre de détecter tous les problèmes éventuels. Il est donc essentiel de confier à un mécanicien compétent le mandat de faire une inspection complète. Il pourra ainsi découvrir les défauts que vous n'aviez pas décelés. Vous trouverez à la page 161 un guide des points à vérifier que vous pourrez fournir au mécanicien, s'il n'utilise pas déjà un tel formulaire. Faites d'une pierre deux coups en lui demandant une évaluation écrite des réparations requises, s'il y a lieu. C'est vous qui devrez payer la note, bien sûr, mais cette dépense (environ 80 $) pourrait vous en éviter de bien plus onéreuses, en plus de vous permettre de négocier à la baisse le prix de vente. Si le vendeur refuse l'inspection du mécanicien, méfiez-vous! Il pourrait y avoir anguille sous roche...

Demandez à voir les factures des réparations. Cette dernière précaution est d'autant plus importante qu'il arrive qu'une garantie soit annulée du fait que les inspections obligatoires n'ont pas été effectuées. C'est pourquoi il est préférable de se renseigner directement auprès du constructeur et de négocier le prix en fonction des renseignements obtenus, plutôt que de découvrir après coup que la garantie n'est plus valide. Informez-vous également de l'existence d'une garantie du fabricant ou d'une garantie supplémentaire transférable dont vous pourriez profiter (voir chapitre sur les garanties à la page 69).

Un particulier vous demandera probablement de renoncer à la garantie de qualité (contre les vices cachés) prévue par le *Code civil*. Ce qui signifie qu'en cas de défectuosité vous n'aurez plus de recours contre lui, à moins de pouvoir démontrer qu'il vous a malicieusement caché des défauts affectant le véhicule. Si vous refusez de signer une renonciation, le particulier refusera probablement de vous vendre l'automobile. En effet, les particuliers ne veulent généralement pas fournir une garantie pour d'éventuels défauts (voir page 55).

Le vendeur est-il bien le propriétaire?

C'est, en effet, un aspect qu'il vaut mieux ne pas prendre à la légère sous peine de payer l'auto deux fois! Il faut savoir qu'un bien acheté à tempérament appartient au prêteur jusqu'au paiement final de la dette. Par exemple, si un particulier utilise les services d'une compagnie de crédit pour financer sa voiture, celle-ci ne lui appartient généralement pas. Comme il n'en est pas le véritable propriétaire, il doit obtenir le consentement de la compagnie de crédit avant de la céder à un tiers.

Comment alors vous assurer que le vendeur est bien le propriétaire de l'automobile que vous vous apprêtez à acheter? Vous pouvez lui demander de vous montrer une copie du contrat d'achat initial et la quittance de sa dette. Un autre moyen consiste à téléphoner au concessionnaire d'origine pour vérifier s'il possède encore les coordonnées de l'institution prêteuse.

Si on vous propose une voiture à un prix très inférieur à celui du marché, méfiez-vous, car il peut s'agir d'un véhicule volé. En plus de demander qu'on vous montre le contrat d'achat initial, vous pouvez comparer le numéro de série du véhicule avec celui inscrit sur le certificat d'immatriculation.

Quelques problèmes courants

Si, malgré toutes ces précautions, des problèmes se posent après l'achat d'un particulier, l'OPC ne peut malheureusement pas intervenir, puisque son mandat ne couvre pas les contrats conclus entre particuliers. Il revient donc à l'acheteur de défendre ses droits. Des associations de défense des droits des automobilistes, comme l'APA, peuvent vous venir en aide. À titre d'exemples, voici certains cas où vous pourriez réclamer un dédommagement ou, parfois, l'annulation de la vente:

• on ne vous a pas remis la voiture dans l'état où elle était lors de l'achat;
• on vous a caché qu'une dette était encore rattachée à l'auto;
• on vous a fait une fausse représentation sur le kilométrage réellement parcouru;
• on vous a affirmé faussement que l'auto n'a jamais été déclarée perte totale.

Votre «bazou» est retiré de la circulation?

Des lois du Québec et du Canada imposent des normes en matière de sécurité automobile. Ces normes concernent certaines pièces et des accessoires, comme la ceinture de sécurité, les rétroviseurs intérieurs et extérieurs, etc. De plus, le véhicule doit être en état général de «bon fonc-tionnement» (articles 212 et 213 du *Code de la sécurité routière*). Nous entendons par là le fait que sa conduite ne constituera pas «une action susceptible de mettre en péril la vie ou la sécurité des personnes ou de la propriété».

Si vous avez acheté une voiture d'occasion et que, peu après, ce véhicule est mis au rancart par les autorités, qui le jugent dangereux, vous pourrez exercer un recours contre le vendeur. Dans le cas où vous avez acheté la voiture d'un commerçant, vous pourrez invoquer l'article 37 de la LPC, qui prévoit qu'un bien doit pouvoir servir à l'usage auquel il est destiné. En effet, puisque votre auto a été retirée de la circulation, elle ne vous est désormais d'aucune utilité.

Si vous avez acheté votre auto d'un particulier, vous pourriez invoquer la notion d'erreur de considération sur l'objet du contrat prévue par le *Code civil*. De fait, vous avez acheté un véhicule avec lequel vous deviez pouvoir circuler sur la voie publique. Si les autorités le jugent impropre à la conduite, ce véhicule ne correspond donc pas à l'objet du contrat, et ce dernier pourrait être annulé de plein gré; à défaut d'entente, il vous faudra intenter une poursuite et obtenir gain de cause.

Par ailleurs, il se peut qu'une auto d'occasion gravement accidentée soit classée irrécupérable. Cette voiture doit être retirée de la circulation et n'aurait pas dû être vendue. Si vous avez acheté une telle voiture, le vendeur vous aura peut-être caché son classement. Cependant, la SAAQ pourrait refuser d'immatriculer le véhicule ou annuler le certificat d'immatriculation déjà accordé. Dans un tel cas, vous pourrez exiger l'annulation du contrat.

Acheter une auto d'occasion gravement accidentée

Selon les termes de la loi, le commerçant d'autos d'occasion doit indiquer sur l'étiquette si un certificat de vérification mécanique sera fourni. Un tel certificat doit être fourni dans le cas d'une voiture gravement accidentée ayant été considérée comme perte totale et reconstruite. Sans ce certificat, la SAAQ pourrait refuser d'immatriculer la voiture ou éventuellement annuler le certificat d'immatriculation déjà accordé.

Si le commerçant a omis de vous remettre le certificat de vérification mécanique requis, il vous faudra alors l'obtenir auprès des centres d'évaluation reconnus par la SAAQ. L'évaluation mécanique et l'émission du certificat de vérification, nécessaires à l'obtention de l'immatriculation, pourraient vous coûter 200 $ et plus. Cependant, vous pourrez exiger le remboursement de ces frais auprès du commerçant. Il est également conseillé de faire tout de même inspecter le véhicule par un garagiste de votre choix, comme vous le feriez avant d'acheter tout autre véhicule d'occasion.

Les véhicules d'occasion achetés à l'extérieur du Québec

Les véhicules d'occasion provenant de l'extérieur du Québec et faisant l'objet d'une demande d'immatriculation doivent être soumis à une vérification mécanique. Celle-ci ne concerne que les composantes affectant la sécurité, telles que les freins, la direction, les phares et les clignotants, etc. Elle ne remplace donc pas l'examen d'un mécanicien expert.

La vérification mécanique est effectuée par un mandataire accrédité par la SAAQ et coûte quelques dizaines de dollars. Évidemment, le montant des réparations éventuelles n'est pas inclus. Si le véhicule est conforme, le mandataire appose, moyennant des frais minimes, une vignette de conformité sur le véhicule.

Des défectuosités sont détectées? Le propriétaire du véhicule doit alors les faire réparer. Puis, le mandataire vérifie de nouveau le véhicule. Si les défauts sont effectivement corrigés, il appose la vignette de conformité et expédie à la SAAQ une copie signée du certificat attestant la conformité.

Vous voulez importer une auto neuve ou d'occasion des États-Unis? Même si vous avez l'impression de réaliser une vraie aubaine, le véhicule n'est peut-être pas conforme au modèle canadien (évidemment, nous ne parlons pas ici des autos de collection). Vous devrez peut-être assumer des frais supplémentaires pour l'équiper des accessoires optionnels nécessaires à la conduite en climat nordique, tels qu'une batterie à haut rendement ou un dégivreur de lunette arrière. Il est également possible que vous ayez à subir des délais pour l'obtention de pièces de rechange. Certaines pièces sont parfois difficiles à obtenir, notamment celles des systèmes de contrôle des carburants, de l'allumage et des émanations polluantes. De plus, selon les circonstances, des constructeurs peuvent refuser d'honorer les garanties de base ou supplémentaires. Il serait donc préférable de vérifier auparavant.

Enfin, notez que les dispositions de la LPC ne couvrent ordinairement pas les achats effectués à l'extérieur du Québec. En cas de problème, vous devrez donc vous rapporter aux lois en vigueur dans l'État où

vous avez effectué la transaction et, s'il y a lieu, y intenter des poursuites.

La location à long terme d'une voiture d'occasion

Depuis quelques années, certains concessionnaires louent à long terme des voitures d'occasion. Ce marché séduit de plus en plus de consommateurs et devrait même connaître une forte croissance au cours des prochaines années.

Si vous choisissez cette option, procédez de la même façon que si vous désiriez vous procurer une auto d'occasion. Magasinez auprès de plusieurs commerçants. Consultez la section sur l'achat d'une auto d'occasion commençant à la page 53 et servez-vous de la fiche de magasinage et du formulaire d'essai routier (voir pages 159 et 170).

Un contrat équitable

Même si la loi permet que le contrat ne soit pas écrit lorsqu'il n'y a pas d'option d'achat, exigez-en un! S'il y en a un, il doit cependant comporter toutes les exigences de la loi. Avant de le signer, assurez-vous de bien en comprendre toutes les clauses. Par contre, dans le cas d'une option d'achat, notez que la loi exige toujours un contrat écrit.

Attention! Ne confondez pas une **option d'achat** et une

obligation d'achat. Si la transaction comporte une obligation d'achat, sachez que vous êtes plutôt en présence d'un contrat de vente déguisé. Quant aux modalités de location d'une auto d'occasion, elles sont les mêmes que celles d'une auto neuve. Pour vous y retrouver, référez-vous à la section sur la location à long terme d'une voiture neuve à la page 35.

AVANT D'ACHETER UNE AUTO D'OCCASION

• Déterminez le type d'automobile correspondant à vos besoins. Pour vous aider, consultez les magazines et les ouvrages publiés sur le sujet afin de connaître les marques pouvant représenter les meilleurs achats et, surtout, afin d'éviter les citrons. Le magazine *Protégez-Vous* publie annuellement une évaluation des voitures neuves et d'occasion dans son numéro d'avril. La publication de l'APA, *Roulez sans vous faire rouler*, comporte une évaluation des autos et des minifourgonnettes d'occasion. Les membres du CAA peuvent se procurer auprès de leur association les résultats de sondages sur la fiabilité des autos d'occasion.

• Prenez d'abord les principaux renseignements par téléphone. Puis, visitez plusieurs vendeurs. Comparez l'état des voitures, les prix, les garanties. Si possible, faites-vous accompagner par quelqu'un qui s'y connaît bien en mécanique automobile.

• Lisez l'étiquette qui doit obligatoirement être apposée sur chaque véhicule d'occasion offert au Québec par un commerçant. S'il n'y a pas d'étiquette, exigez-la. Si le commerçant refuse, portez plainte à l'OPC et magasinez ailleurs.

• Si vous achetez d'un commerçant, demandez le nom et le numéro de téléphone de l'ancien propriétaire, c'est votre droit. Discutez avec lui de l'état de son ancienne voiture. Comme elle ne lui appartient plus, il n'a habituellement aucun intérêt à vous cacher les défauts possibles de celle-ci.

• N'achetez jamais une auto d'occasion sans l'avoir examinée et l'avoir essayée sur la route.

• Faites faire une inspection par un mécanicien expérimenté. Si le vendeur refuse cette vérification, renoncez à la transaction, car il tente peut-être de vous cacher un défaut mécanique important.

• Négociez le prix en fonction de ce qu'aura révélé l'inspection du véhicule, les défauts découverts et le coût des réparations.

Louer ou acheter une auto d'occasion?

Entre les deux, votre cœur balance? Avant d'opter pour l'une ou l'autre de ces options, mieux vaut faire vos devoirs. Pour cela, consultez la section «Louer ou acheter une auto neuve?» à la page 38. En effet, qu'il s'agisse de la location d'une voiture neuve ou d'une voiture d'occasion, les mêmes critères de comparaison s'appliquent.

Mais attention: on parle rarement dans ce dernier cas d'une bonne affaire. En effet, les autos d'occasion offertes en location ont de un à trois ans d'usure. Et les mensualités ne sont souvent que de 20 à 30 $ de moins que celles d'une voiture neuve, quand elles ne sont pas carrément plus élevées que leur équivalent de l'année!

Gardez également à l'esprit que vous ne pourrez profiter longtemps de la garantie du constructeur. Le fameux «3 ans ou 60 000 km» pourrait même être échu. Des frais élevés de réparations en perspective, à moins de se prémunir d'une garantie supplémentaire de 30 à 40 $ par mois... somme qui annule l'écart entre les mensualités des autos neuves et celles des autos d'occasion.

Les garanties

4

G aranties conventionnelles, garanties prolongées, garanties supplémentaires, autant de formules qui, en principe, devraient vous protéger contre les surprises désagréables. Mais les garanties ne constituent pas une police d'assurance tous risques qui vous met à l'abri de tous les problèmes. Il faut savoir lire entre les lignes et connaître avec précision les limites de ces fameuses garanties truffées d'exceptions et de conditions. Première distinction à faire: les garanties pour voitures neuves et celles pour voitures d'occasion.

Les garanties pour autos neuves

Il existe trois types de garanties pour les voitures neuves:
• les garanties imposées par la loi
• les garanties du fabricant (prolongées)
• les garanties supplémentaires

Les garanties imposées par la loi (autos neuves)

Il s'agit de celles qu'on appelle souvent en langue populaire les «garanties légales». Il s'agit de quatre garanties inscrites dans les articles du *Code civil* et qui couvrent tous les véhicules neufs.

1- La garantie de propriété. Cette garantie vous assure que vous êtes bel et bien le propriétaire en titre du véhicule tel que le stipule l'article 1716 du *Code civil*: «Le vendeur est tenu de délivrer le bien, et d'en garantir le droit de propriété et la qualité».

2- La garantie de sécurité. La pompe à essence de votre voiture fonctionne mal et provoque l'incendie de votre véhicule? Dans un tel cas, il y a défaut de sécurité. L'article 1469 du *Code civil* précise à ce sujet: «Il y a défaut de sécurité du bien lorsque, compte tenu de toutes les circonstances, le bien n'offre pas la sécurité à laquelle on est normalement en droit de s'attendre, notamment en raison d'un vice de conception ou de fabrication du bien, d'une mauvaise conservation ou présentation du bien, ou encore de l'absence d'indications suffisantes quant aux risques et dangers qu'il comporte ou quant aux moyens de s'en prémunir».

3- La garantie de qualité. C'est la garantie par laquelle le commerçant est tenu de vous fournir un bien conforme aux normes de qualité et exempt de vices cachés. Cette garantie correspond aux dispositions de l'article 1726 du *Code civil* de même qu'à celles des articles 37 et 38 de la LPC.

Les vices cachés. Malgré ses airs coquets et ses chromes rutilants, la voiture neuve que vous venez d'acheter laisse s'infiltrer l'eau à la moindre averse? La transmission de votre nouveau bolide se met à «glisser» après l'achat? Dans l'un ou l'autre de ces cas, il pourrait bien s'agir d'un vice caché. Une surprise plutôt désagréable, mais pour laquelle la LPC et le *Code civil* ont prévu certains recours.

Un vice caché est un défaut qui existe au moment de l'achat, mais que le consommateur ne peut déceler par un examen ordinaire. Il peut être lié à un défaut de fabrication (pièce défectueuse) ou de main-d'œuvre (problème d'installation, de réparation ou d'assemblage). Généralement, le commerçant ne connaît pas l'existence de ce problème, car, dans le cas contraire, il s'agirait plutôt de fausse représentation ou de l'omission d'un fait important. De fait, en vertu de l'article 53 de la LPC, le commerçant qui vend ou loue le bien ne pourra alléguer le fait qu'il ignorait ce vice ou ce défaut.

Si le problème que vous avez décelé dans votre voiture neuve ne concerne pas une pièce couverte par la garantie du fabricant ou si cette dernière est expirée, vous pourriez établir votre réclamation en alléguant qu'il s'agit d'une usure anormale de la pièce.

4- La garantie d'usage normal. Il tombe sous le sens que le véhicule qu'on vous vend puisse servir à l'usage auquel il est destiné, comme le stipule l'article 37 de la LPC, et ce «... pour une durée raisonnable, eu égard à son prix, aux dispositions du contrat et aux conditions d'utilisation du bien», comme le précise, pour sa part, l'article 38.

Il faut bien comprendre que ces garanties sont obligatoirement prescrites par la loi sans qu'il soit nécessaire de les inscrire au contrat de vente et sans frais additionnels pour le consommateur. La durée des garanties de propriété et de sécurité est illimitée, mais la durée de la garantie de qualité et d'usage normal peut varier selon les modèles. La jurisprudence en la matière s'appuie sur des moyennes de durabilité pour des modèles semblables et tient également compte de ce que le constructeur prétend offrir dans sa garantie conventionnelle.

Les garanties du fabricant
(autos neuves)

Outre les garanties imposées par la loi, il existe d'autres types de garanties, dites conventionnelles. Ces garanties conventionnelles sont soit des garanties offertes par le fabricant (garanties de base et prolongées) ou encore des garanties supplémentaires dont nous parlerons dans les pages suivantes. Les garanties du fabricant sont, pour leur part, une sorte d'«extension» des garanties imposées par la loi. Elles sont offertes, et ne peuvent être offertes que par le fabricant et ne peuvent constituer une couverture inférieure à celle des garanties imposées par la loi. Généralement, elles couvrent l'auto au complet (pare-chocs à pare-chocs) pour une période donnée (de deux ans à quatre ans selon les constructeurs), puis elles peuvent devenir plus limitatives (groupe motopropulseur, contrôle électronique, etc.) pour une autre période déterminée. Ces garanties dites «de base» sont incluses dans le prix de vente du véhicule et servent souvent d'argument publicitaire aux fabricants. Soulignons que cette garantie de base n'est pas un cadeau. Elle découle de l'obligation qu'ont les constructeurs d'assumer la responsabilité et les conséquences de tous les défauts de fabrication.

Et la garantie prolongée?

Presque tous les constructeurs automobiles offrent des contrats de garantie prolongée. Il s'agit en clair d'une prolongation de la garantie dite «de base». On vous accordera une protection pare-chocs à pare-chocs de cinq ans plutôt que de trois ans, mais cette fois vous devrez débourser des frais, qui sont souvent assez substantiels. À noter, seul le fabricant d'automobiles ou de pièces automobiles peut vendre une garantie prolongée.

Par ailleurs, chaque pièce exclue de cette garantie doit être clairement indiquée au contrat et il se pourrait qu'elle soit couverte tout de même, notamment en vertu des garanties imposées par la loi. De plus, selon l'article 44 de la LPC, la garantie conventionnelle du fabricant sera réputée applicable à tout ce qui n'est pas spécifiquement exclu dans l'écrit qui doit constater cette garantie prolongée, comme la loi le prescrit.

La garantie prolongée, comme la garantie de base,

suit l'auto et se trouve automatiquement transférée à tout **consommateur** qui acquiert subséquemment cette auto. En vertu de l'article 152 de la LPC, ce consommateur bénéficie des mêmes droits et recours que le premier propriétaire. Aucuns frais ne peuvent être exigés ni aucune condition imposée pour ce transfert. Bien que cette mesure ne soit pas obligatoire, il est préférable de signaler par écrit le transfert de propriété au constructeur. Si le transfert sans frais vous est refusé, mieux vaut alors payer sous réserve le montant exigé et réclamer du constructeur la somme déboursée en vous adressant à la cour des petites créances.

Si vous avez acheté d'un particulier une voiture encore couverte par la garantie du fabricant, ce dernier doit l'honorer. Si on vous refuse ce droit, vous pourrez mettre le fabricant en demeure de respecter ses obligations.

Par ailleurs, en vertu de l'article 50 de la LPC, la durée d'une garantie est prolongée d'un délai équivalant à celui pris pour effectuer les réparations couvertes par la garantie. Ainsi, si le concessionnaire a dû garder votre voiture pendant cinq jours pour remplacer une pièce défectueuse encore couverte par une garantie, votre garantie sera prolongée de cinq jours.

Les garanties supplémentaires
(autos neuves)

Histoire de rassurer et de séduire leurs clients encore ébranlés par le prix de la voiture qu'ils achètent, de plus en plus de concessionnaires offrent à leurs clients la possibilité d'acheter une garantie supplémentaire. C'est une pratique également fort répandue parmi les commerçants de voitures d'occasion. Mais qu'en est-il vraiment de ces fameuses garanties qu'on nous vend à prix d'or, mais qui ne tiennent pas toujours leurs promesses?

Il importe de souligner, toutefois, que les garanties supplémentaires ne sont habituellement pas directement conclues par le concessionnaire ni par un autre commerçant d'autos. De fait, ces derniers n'agissent qu'à titre d'intermédiaires. En fait, les contrats de garanties supplémentaires sont conclus soit par une compagnie d'assurance (un fait plutôt rare), soit par un commerçant spécialisé dans la vente de telles garanties. Pour vendre de telles garanties au Québec, les assureurs doivent détenir un permis d'assureur et les commerçants spécialisés, un permis de l'OPC. Ces commerçants doivent déposer un cautionnement auprès de l'OPC et, dans certains cas, déposer dans un compte de réserves une partie des primes payées par les consommateurs, en vue de garantir l'exécution ou le remboursement des contrats.

Attention, il ne faut pas confondre ces garanties supplémentaires avec la garantie de base dont le coût est inclus dans le prix du véhicule. En réalité, la liste des composantes non couvertes par les garanties supplémentaires est souvent fort longue. Il ne faut surtout pas vous contenter de parcourir les dépliants publicitaires de ces garanties, qui ne mentionnent pas toutes les exceptions. Lisez très attentivement toutes les clauses du contrat et assurez-vous de bien comprendre l'étendue et les limites de la couverture accordée. Surtout, assurez-vous de connaître l'identité de l'assureur ou du commerçant spécialisé au nom duquel est présenté le contrat qui vous est proposé par le conseiller aux ventes du concessionnaire ou du commerçant d'autos d'occasion. En cas de doute, vérifiez auprès de l'OPC ou de l'Inspecteur général des institutions financières (selon le cas) si le commerçant spécialisé ou l'assureur détient le permis exigé et la période de validité de ce permis.

Ces contrats de garantie supplémentaire sont relativement chers. La pertinence de ce genre de protection dépend surtout du type de véhicule et de la garantie de base offerte par le fabricant. Rappelez-vous que les garanties ne coexistent pas et que les garanties supplémentaires ne s'appliquent qu'une fois les garanties du fabricant épuisées. De plus, une franchise plus ou moins élevée peut s'y appliquer. Si vous bénéficiez d'une garantie du fabricant couvrant le véhicule en entier pendant deux ou trois ans et les composantes majeures pendant une période plus longue encore, une garantie supplémentaire deviendra peu utile ou sera carrément superflue, surtout si l'on considère que les réparations dues à l'usure normale sont, à quelques rares exceptions près, exclues des garanties supplémentaires.

Les garanties pour autos d'occasion

Trois types de garanties couvrent les autos d'occasion:
• les garanties imposées par la loi
• les garanties accordées par le commerçant
• les garanties supplémentaires

Les garanties imposées par la loi
(autos d'occasion)
Le cinéma a souvent dépeint de façon caricaturale le marché de l'automobile d'occasion. On y présente souvent un commerçant peu scrupuleux et des voitures qui tombent en ruine au premier tournant de la route. La situation réelle n'est pour-

tant pas aussi anarchique. De fait, au Québec, la loi prévoit un certain nombre de règles relatives à la vente de voitures d'occasion par un commerçant à un particulier, dont notamment une garantie de bon fonctionnement propre à chacune des catégories A, B et C d'autos d'occasion.

Tout comme les voitures neuves, les autos d'occasion sont couvertes par certaines garanties imposées par la loi (voir page 69), soit:

1- La garantie de propriété
2- La garantie de sécurité
3- La garantie de qualité
4- La garantie d'usage normal.

De plus, la loi prévoit dans le cas des autos d'occasion des catégories A, B et C une garantie de bon fonctionnement.

LES PRÉCAUTIONS À PRENDRE POUR FAIRE RESPECTER LES GARANTIES

• Lisez bien toutes les informations concernant les garanties: cela peut vous éviter de mauvaises surprises. Assurez-vous de respecter toutes les recommandations du constructeur contenues dans le manuel du propriétaire. Par exemple, le constructeur vous fournira un programme des visites d'entretien. Si vous vous y conformez et qu'une pièce couverte par la garantie fait défaut, vous ne devriez avoir aucun problème à faire honorer votre garantie.

• Que l'entretien périodique soit effectué par le concessionnaire ou par un garagiste indépendant, assurez-vous d'en conserver toutes les preuves écrites. Faites estampiller votre manuel du propriétaire par le garagiste qui aura procédé à l'entretien et aux vérifications requises. Sinon, le constructeur ou le concessionnaire pourrait refuser d'effectuer sans frais une réparation normalement couverte par la garantie en prétextant un manque d'entretien.

• Si vous effectuez l'entretien de votre véhicule vous-même, conservez les factures de vos achats de filtres, d'huile et d'autre matériel.

• Durant toute la durée d'une garantie, si l'inspection démontre qu'une réparation s'impose, assurez-vous, avant de l'autoriser, de savoir en quoi elle consiste et si elle est couverte par cette garantie. Si vous ne pouvez rester sur place pendant l'inspection, demandez qu'on vous avise par téléphone. Faites inscrire «garantie» sur l'ordre de travail.

En effet, en vertu de l'article 159 de la LPC, les commerçants de véhicules d'occasion doivent garantir durant de un à six mois le bon fonctionnement des autos qu'ils vendent, lorsqu'elles ont moins de cinq ans ou 80 000 kilomètres, selon le premier des deux termes atteint. La durée de la garantie de bon fonctionnement applicable sera fonction de l'âge et du kilométrage du véhicule. Elle devra être inscrite obligatoirement sur l'étiquette apposée sur toute auto d'occasion, qu'elle soit offerte en vente ou en location. La période de garantie se calcule d'après la méthode des «mois de calendrier» (par exemple, du 4 mars au 3 avril dans le cas d'une garantie de un mois).

• Si vous faites l'acquisition d'une garantie supplémentaire, vérifiez également les recommandations d'entretien de la compagnie de garantie; elles diffèrent parfois de celles du fabricant.

• Lorsqu'une réparation faite pendant la période de garantie ne vous donne pas satisfaction, rendez-vous le plus rapidement possible chez le concessionnaire et demandez à voir le directeur du service après-vente ou un mécanicien. Si le problème ne se règle pas, expédiez une lettre de mise en demeure au concessionnaire avec copie conforme au constructeur, en l'adressant à son représentant régional au Québec ou au Canada, dont les coordonnées apparaissent dans la liste fournie à la page 151. Si possible, demandez à un réparateur indépendant, expérimenté et prêt à témoigner pour vous en cour, de vous faire une évaluation écrite des réparations à effectuer (voir pages 165 à 168) et annexez-la à votre lettre.

• S'il est impossible d'en arriver à une entente, vous pouvez faire effectuer la réparation par un réparateur indépendant en vous assurant qu'il utilisera des pièces neuves d'origine et qu'il effectuera cette réparation conformément aux normes prescrites par le constructeur de façon à ne pas affecter la validité de la garantie. Ensuite, vous pouvez intenter des poursuites contre le concessionnaire et le constructeur devant la cour des petites créances en n'oubliant pas d'assigner comme témoin le mécanicien qui a fait la réparation. Conservez vos vieilles pièces et apportez-les en cour.

On trouvera dans le tableau à la page 82 la durée des garanties selon la catégorie de véhicule telle que prévue par l'article 159 de la LPC. Il est à noter que ces catégories et les garanties imposées par la loi qui s'y appliquent sont clairement définies sur le modèle d'étiquette d'auto d'occasion. Vous trouverez un modèle de cette étiquette aux pages 58 et 59.

Cette garantie, pour les catégories A, B et C, prend effet au moment de la prise de possession de l'auto. Elle couvre les pièces et la main-d'œuvre. Toutefois, elle ne couvre ni le service d'entretien normal, ni les articles de garniture intérieure ou de décoration extérieure, ni les dommages résultant d'un manque d'entretien ou d'un usage abusif de la part du consommateur.

Il s'agit d'une garantie obligatoire, que le vendeur ne peut refuser d'exécuter. Il est assez courant, par exemple, que le contrat de vente contienne une clause du type «Vendue

LES RAPPELS

En vertu de la loi fédérale sur la sécurité des véhicules automobiles, le constructeur ou l'importateur est tenu d'aviser par écrit tout propriétaire dont le véhicule accuse un défaut de conception, de construction ou de fonctionnement susceptible d'affecter la sécurité, et ce dès la découverte de cette anomalie. Dans certains cas, c'est Transports Canada qui, à la suite de plaintes formulées par des consommateurs, conduit des enquêtes et recommande aux constructeurs de corriger les défauts pouvant compromettre la sécurité des occupants d'un véhicule. Les constructeurs se plient habituellement à ces recommandations. La loi n'exige pas une réparation gratuite, mais la pratique et les recours possibles des consommateurs font que les constructeurs effectuent les réparations presque toujours sans frais.

Après l'achat d'une automobile d'occasion, avisez le bureau régional du constructeur (voir liste page 151) ou un concessionnaire que vous en êtes dorénavant le propriétaire et indiquez-lui le numéro de série. Ainsi, il sera possible de vous joindre s'il y a un rappel. Vérifiez par la même occasion s'il y a eu des rappels et des prolongations de garantie par le passé.

telle que vue», «Sans aucune garantie», etc. Ces clauses sont sans effet. De fait, l'article 261 de la LPC prévoit expressément que nul ne peut déroger à la loi par une convention particulière. De plus, l'article 262 prévoit que le consommateur ne peut renoncer à un droit que lui confère la loi. Le commerçant ne pourra donc se libérer ainsi de ses obligations et devra honorer la garantie. Si, pour cette raison ou une autre, un commerçant refuse de respecter les modalités de cette garantie, vous pourrez utiliser la lettre à la page 84 pour faire votre réclamation. Vous trouverez d'autres lettres de réclamation dans le guide et le cédérom *140 lettres pour tout régler* publiés dans la Collection Protégez-Vous.

Les exclusions

La loi permet au commerçant d'exclure de la garantie de bon fonctionnement certaines défectuosités d'une voiture d'occasion, à condition de les énumérer sur l'étiquette et de join-

Par ailleurs, si vous découvrez un défaut de fabrication susceptible de compromettre la sécurité du véhicule (par exemple, un coussin gonflable qui se déclenche en l'absence d'un impact, un capot qui s'ouvre subitement, etc.) ou que vous êtes insatisfait des réparations effectuées à la suite d'un rappel, signalez-le à Transports Canada. N'oubliez pas de fournir vos nom, adresse et numéro de téléphone, ainsi que la marque, le nom du modèle, l'année du modèle et le numéro d'identification du véhicule.

Comme tous ces programmes de rappels ou de prolongations de garantie sont établis sur une base volontaire par le constructeur, il peut arriver que le consommateur doive assumer une partie des coûts, mais c'est plutôt rare. Rappelez-vous toutefois que la LPC rend les constructeurs et les commerçants responsables de tout défaut de fabrication qu'un consommateur ne peut déceler par un examen ordinaire. En outre, la loi prévoit que votre automobile doit pouvoir servir à l'usage auquel elle est normalement destinée, et cela pendant une durée raisonnable. Si l'offre du constructeur ne vous semble pas acceptable, vous pourriez la refuser et faire exécuter tout de même les travaux. Puis, intenter des poursuites devant les tribunaux pour faire valoir vos droits, avec un témoin expert pour vous appuyer et l'avis de rappel en preuve.

dre à cette énumération une évaluation du prix qui liera le commerçant. En fait, les articles 155 et 156 de la LPC exigent que tous les renseignements importants soient inscrits sur l'étiquette de l'auto, que le commerçant doit apposer dessus et annexer au contrat. Lisez toujours attentivement l'étiquette au cours du magasinage d'une voiture d'occasion et n'hésitez pas à poser des questions sur les renseignements qui y sont inscrits ou sur ceux qui n'y figurent pas et qui devraient y être (voir page 57). Exigez que cette étiquette soit conforme à celle publiée aux pages 58 et 59.

La prolongation et le transfert

Tout comme les garanties imposées par la loi et les garanties prolongées des automobiles neuves, la garantie des voitures d'occasion imposée par la loi sera prolongée d'une période équivalant à celle des réparations, si ces dernières étaient couvertes par la garantie. Si votre garagiste doit garder votre voiture pendant une semaine pour le remplacement d'une pièce encore couverte par la garantie, cette dernière sera prolongée d'une période équivalente et se terminera donc une semaine plus tard que prévu.

Selon l'article 152 de la LPC, une garantie imposée par

la loi est également transférable sans frais ou conditions à un **consommateur** acquéreur subséquent, qui jouira des mêmes droits et recours que le premier consommateur. Il est préférable d'aviser le commerçant par écrit de la vente du véhicule, mais cette mesure n'est pas obligatoire.

Pour la catégorie D: la garantie d'usage normal

La garantie d'usage normal imposée par la loi s'applique même lorsqu'il s'agit d'une auto de catégorie D. De cette garantie, il suffit de retenir que le commerçant a l'obligation de fournir un véhicule fonctionnel. L'auto devra donc servir à un usage normal, et ce pendant une période raisonnable, eu égard au prix payé, aux dispositions du contrat et aux conditions d'utilisation, comme le stipulent les articles 37 et 38 de la LPC et les garanties imposées par le *Code civil*.

Imaginons, par exemple, que vous ayez acheté une voiture d'occasion en sachant qu'elle nécessitait certaines réparations mineures, notées au moment de l'examen sommaire de l'auto. Mais voilà que, trois semaines plus tard, le moteur «saute» et vous laisse pantois au milieu de l'autoroute. Vous pourrez exercer un recours en vertu de l'article 38 de la LPC, qui porte sur la durée raisonnable d'un bien.

Pour une telle réclamation, vous pourrez utiliser la lettre proposée à la page 85, en choisissant le paragraphe qui convient à votre situation.

Le transfert des garanties du fabricant

Toutes les garanties offertes par le fabricant sont transférables sans frais ni conditions à l'acheteur subséquent d'une automobile. Bien que cela ne soit pas obligatoire, il est toutefois préférable d'aviser le constructeur de la vente du véhicule et d'obtenir confirmation du transfert de garantie. Si des frais sont exigés, mieux vaut les acquitter et en réclamer par la suite le remboursement à la cour des petites créances.

Les garanties accordées par le commerçant
(autos d'occasion)

Rien n'empêche le commerçant d'autos d'occasion de vous offrir une meilleure garantie que celle imposée par la loi. Par exemple, il pourra vous accorder une garantie de 12 mois au lieu de celle de 1, 3 ou 6 mois qu'impose la loi. Il s'agit alors d'une garantie conventionnelle et qui, tout comme les garanties du fabricant sur les voitures neuves, est transférable aux **consommateurs** acquéreurs subséquents.

Les garanties supplémentaires
(autos d'occasion)

Bien que les autos d'occasion bénéficient de garanties imposées par la loi, les vendeurs de voitures d'occasion font mousser la vente de garanties supplémentaires, histoire de sécuriser leurs clients craintifs. Leur argument de vente? «Si la compagnie de garanties accepte de couvrir l'auto pendant un an, c'est qu'elle est en bonne condition...» Tout n'est pourtant pas aussi simple et clair.

De fait, contrairement à ce que croient beaucoup de consommateurs, la majorité des autos d'occasion vendues avec une garantie supplémentaire n'ont pas été inspectées par l'entreprise spécialisée dans les garanties ou la compagnie d'assurance qui souscrit cette garantie supplémentaire. Mieux, certaines de ces entreprises se réservent le droit de résilier une garantie après la vente ou refusent de valider la souscription de garantie du client, une fois l'inspection effectuée. Si tel est le cas, la compagnie de garantie doit non seulement vous aviser de cette résiliation, mais aussi vous rembourser le montant total de la prime de garantie incluant les taxes et, s'il y a lieu, la commission du représentant.

Pire, dans certains cas, le consommateur, qui a pourtant payé la prime au représentant de l'assureur ou de l'entreprise spécialisée, n'est même pas prévenu de cette résiliation ou de ce refus et n'en aura la surprise qu'au moment de faire effectuer une première réparation!

Si vous avez cette désagréable surprise, vous pourrez soit réclamer le remboursement total de la prime payée, soit exiger du commerçant qu'il respecte la garantie et vous rembourse le montant de la prime pour la période allant du moment où vous avez appris la résiliation jusqu'à la fin du contrat.

Autre scénario possible: l'assureur ou l'entreprise spécialisée dans les garanties refuse d'assumer les coûts de réparation de l'auto, alléguant que son représentant (le vendeur de l'auto) ne lui a pas versé la prime de garantie. Par mesure de prudence, mieux vaut donc libeller votre chèque au nom de l'assureur ou de l'entreprise spécialisée dans les garanties plutôt qu'à celui du représentant.

Le respect de la garantie supplémentaire
(autos neuves ou d'occasion)
Qu'il s'agisse d'une voiture neuve ou d'occasion, l'assureur ou l'entreprise spécialisée dans les garanties supplémentaires doit respecter les engagements pris en vertu du contrat de garantie que vous avez conclu. Si le commerçant refuse d'honorer la garantie, vous pourriez utiliser la lettre proposée à la page 86 pour le mettre en demeure de respecter ses engagements. Vous trouverez d'autres lettres de réclamation dans le guide et le cédérom *140 lettres pour tout régler* publiés dans la Collection Protégez-Vous.

Par ailleurs, si le commerçant a, malgré votre demande verbale ou écrite, refusé d'honorer la garantie pour un problème qui était encore couvert, et que vous avez fait réparer le véhicule à vos frais, vous pourrez réclamer le remboursement des réparations.

L'usure normale ou l'usage abusif sont des motifs fréquemment invoqués par les assureurs ou les entreprises spécialisées lorsqu'ils refusent d'honorer la garantie. Ces motifs ne sont pas toujours valables; dans certains cas, l'usure normale ou l'usage abusif n'est pas en cause. Si la pièce défectueuse est encore couverte par la garantie et que le commerçant refuse d'effectuer ou de faire effectuer la réparation, vous pourrez alors, selon l'urgence de la situation, faire réparer le véhicule et poursuivre le commerçant pour lui réclamer le montant des réparations. Dans certains cas, surtout lorsque le commerçant ou l'assureur invoque l'usure normale, vous pourriez demander à un expert d'effectuer une évaluation écrite du problème et de venir témoigner en cour. Cependant, cette démarche n'est pas toujours nécessaire; il faut en évaluer la pertinence, car ces expertises sont relativement coûteuses. Souvenez-vous qu'il incombe au commerçant de faire la preuve de l'usure normale ou de l'usage abusif.

Le remboursement de la prime restante

Les contrats de garanties supplémentaires souscrits par les entreprises spécialisées dans les garanties supplémentaires sont régis par les dispositions du *Code civil*. Ainsi, si vous résiliez votre bail de location d'auto, si vous le cédez ou si vous vendez votre voiture avant le terme de la garantie supplémentaire ou si votre véhicule est déclaré «perte totale», vous pourriez exiger le remboursement de la prime restante. Normalement, il s'agit de la somme correspondant à la période compris entre la date de la perte ou de la cession du véhicule et la date d'expiration de la garantie, déduction faite de certains frais fixes. Si le commerçant refuse de vous rembourser la prime restante, vous devrez alors l'aviser de la résiliation du contrat et le mettre en demeure de rembourser la prime restante. En dernier recours, si l'entreprise refuse toujours de vous rembourser, vous pourrez vous adresser à la cour des petites créances pour faire valoir vos droits.

Le transfert de la garantie supplémentaire à un acheteur subséquent

Contrairement aux garanties conventionnelles ou prolongées du fabricant, qui sont transférables à tout **consommateur** acquéreur subséquent, et ce sans frais, la garantie supplémentaire, vendue par un assureur ou une entreprise spécialisée, sera transférable à un **consommateur** acquéreur ou à tout autre acheteur subséquent seulement si le transfert est prévu dans le contrat. Le transfert s'effectuera selon les conditions du contrat. Dans certains cas, l'entreprise peut exiger certains frais de transfert.

Les garanties sur les voitures d'occasion importées des États-Unis

Vous êtes tenté de vous procurer une auto d'occasion aux États-Unis? Un commerçant d'ici vous propose une automobile d'occasion provenant du territoire de l'Oncle Sam et destinée à y rouler? Avant de prendre une décision, lisez bien ceci.

Il faut savoir qu'aucune loi n'oblige la division canadienne d'un constructeur automobile à honorer les garanties des voitures destinées au marché des États-Unis. Par conséquent, certains constructeurs ou distributeurs canadiens refusent de le faire. Dans les cas où il y a effectivement transfert de la garantie, rappelez-vous qu'il s'agit de la garantie américaine et que celle-ci est parfois plus restreinte que la garantie canadienne ou celles qu'imposent les lois du Québec. En outre, comme ces véhicules ne sont pas enregistrés auprès des constructeurs ou distributeurs canadiens, il est possible que vous ne soyez pas avisé d'un rappel visant à corriger un défaut de sécurité.

Comment savoir si une auto d'occasion a émigré des États-Unis? Une simple vérification de l'odomètre peut vous le confirmer. Si les indications en milles à l'heure (m/h) priment, il s'agit probablement d'un transfuge des États-Unis. Si toutefois l'affichage est électronique et offre les deux possibilités, vérifiez les étiquettes du véhicule. Au Canada, elles sont bilingues.

Avant de prendre la décision d'acheter un véhicule destiné au marché des États-Unis, faites-le vérifier par un mécanicien indépendant afin de connaître l'état de la carrosserie et de la mécanique. Si vous êtes toujours intéressé, prenez la précaution de communiquer avec le constructeur en lui signalant le numéro de série (généralement inscrit sur le montant de la portière gauche avant). Demandez-lui de confirmer qu'il y aura bel et bien transfert de la garantie, c'est-à-dire que celle-ci sera honorée au Canada par les concessionnaires canadiens. Vérifiez aussi auprès du constructeur si l'auto a été déclarée perte totale à la suite d'un accident aux États-Unis. Enfin, assurez-vous de bien connaître toutes les conditions de cette garantie, y compris cel-

GARANTIE DE BON FONCTIONNEMENT
(AUTOS D'OCCASION)

Date de mise en marché[1] et kilométrage (terme atteint en premier)

Catégorie de véhicule	Terme de la garantie
A: 2 ans ou moins et pas plus de 40 000 km	6 mois ou 10 000 km
B: 3 ans ou moins et pas plus de 60 000 km	3 mois ou 5 000 km
C: 5 ans ou moins et pas plus de 80 000 km	1 mois ou 1 700 km

1. Il s'agit de la date de lancement au Québec des automobiles de même modèle et année de fabrication (et non pas la date d'acquisition ni celle de la fabrication d'une auto spécifique).

D: la garantie de bon fonctionnement prévue par la LPC ne s'applique pas aux autos de catégorie D; toutefois, les autres garanties de base prévues au *Code civil* (voir page 73) s'appliquent à toutes les catégories d'autos, y compris D.

les qui pourraient s'appliquer en raison du transfert.

Par ailleurs, il est bon de savoir qu'une auto destinée au marché des États-Unis a généralement une plus faible valeur marchande à cause, notamment, de la possible difficulté à faire respecter la garantie et de la fréquence d'importation «en douce» d'autos gravement accidentées et reconstruites.

SEPT POINTS À RETENIR

1 Lisez attentivement le contrat de garantie supplémentaire ou prolongée qui vous est offert et vérifiez si la protection offerte et les obligations (par exemple, la périodicité des vidanges d'huile) vous conviennent. N'hésitez pas à vous faire expliquer en détail les conditions de cette garantie.

2 Vérifiez la garantie de base de votre véhicule afin de vous assurer que vous n'allez pas payer en double une garantie que vous avez déjà. S'il s'agit d'une voiture d'occasion achetée d'un commerçant, l'étiquette apposée sur l'auto et annexée au contrat doit obligatoirement préciser la nature et la durée des garanties imposées par la loi ainsi que celles conclues avec le commerçant.

3 Appelez l'OPC pour savoir si le permis exigé du commerçant qui offre des garanties supplémentaires est en règle.

4 Assurez-vous que le coût de la garantie supplémentaire est inscrit dans un contrat distinct du contrat de vente et distinctement du prix de vente de la voiture.

5 Assurez-vous également que l'assureur ou l'entreprise spécialisée dans les garanties supplémentaires accepte de couvrir le véhicule et qu'il a bien reçu le paiement de votre prime.

6 Pour vous assurer de la validité d'une garantie prolongée conclue avec un constructeur, un assureur ou un commerçant spécialisé dans les garanties supplémentaires, vous devez respecter les recommandations d'entretien indiquées dans le contrat de garantie. L'entretien consiste généralement en des vérifications visuelles, des vidanges d'huile, des changements de filtres et le remplacement de pièces au besoin.

7 En cas de «perte totale», de cession ou de vente du véhicule, réclamez le remboursement de la prime restante dans le seul cas cependant des garanties supplémentaires, par opposition aux garanties prolongées pour lesquelles ce remboursement n'est pas prévu.

Les garanties

Non-respect de la garantie de bon fonctionnement

Ville, date

RECOMMANDÉ
SOUS TOUTES RÉSERVES

Nom et adresse du commerçant

Objet: Non-respect de la garantie de bon fonctionnement imposée par la loi

Madame, Monsieur,

Le (date), vous m'avez vendu (ou loué à long terme) une automobile (description).

En vertu de l'article 159 de la *Loi sur la protection du consommateur*, cette automobile bénéficie d'une garantie légale de (nombre de mois) que vous devez respecter.

Or, les réparations suivantes sont actuellement nécessaires (description). J'ai déjà demandé le respect de la garantie (décrire les démarches effectuées), sans obtenir de réponse satisfaisante.

Je vous mets donc, par la présente, en demeure d'effectuer ces réparations au plus tard le (date), à défaut de quoi je les ferai exécuter à vos frais et j'intenterai contre vous des poursuites judiciaires sans autre avis ni délai.

Veuillez donc agir en conséquence.

Signature
Nom
Adresse
Numéro de téléphone le jour

Non-respect de la garantie de qualité et d'usage normal pour les voitures de catégorie D

Ville, date

RECOMMANDÉ
SOUS TOUTES RÉSERVES

Nom et adresse du commerçant

Objet: Non-respect de la garantie de qualité et d'usage normal imposée par la loi pour une voiture de catégorie D

Madame, Monsieur,

Le (date), vous m'avez vendu (ou loué à long terme) une automobile (description).

* Or, la voiture présente le problème suivant: (décrire le problème). Ma voiture est maintenant hors d'usage. En vertu de l'article 37 de la *Loi sur la protection du consommateur*, vous deviez me vendre une voiture qui puisse servir à l'usage normal auquel elle est destinée.
ou
* Or, moins de (temps écoulé) depuis la livraison, la voiture a présenté le problème suivant: (décrire). En vertu de l'article 38 de la *Loi sur la protection du consommateur*, vous deviez me vendre une voiture qui puisse servir à un usage normal pendant une période raisonnable.
Je vous ai déjà signalé le problème (décrire les démarches effectuées), mais sans obtenir de réponse satisfaisante.
Je vous mets donc, par la présente, en demeure
* d'effectuer ces réparations nécessaires (décrire) au plus tard le (date), à défaut de quoi je les ferai exécuter à vos frais et j'entreprendrai des poursuites judiciaires sans autre avis ni délai.
ou
* d'annuler mon contrat de vente et de me rembourser le prix payé pour l'auto ($) au plus tard le (date),
ou
* de résilier mon contrat de location à long terme et de me rembourser, sur le prix du loyer versé jusqu'au (date), la somme de ($),
à défaut de quoi j'intenterai contre vous des poursuites judiciaires sans autre avis ni délai.

Veuillez donc agir en conséquence.

Signature
Nom
Adresse
Numéro de téléphone le jour

* Choisissez le(s) paragraphe(s) qui correspond(ent) à votre situation.

Refus d'exécution d'une garantie supplémentaire

Ville, date

RECOMMANDÉ
SOUS TOUTES RÉSERVES

Nom et adresse de l'entreprise spécialisée dans les garanties supplémentaires ou de l'assureur

Objet: Refus d'exécution d'une garantie supplémentaire*

Madame, Monsieur,

Le (date), j'ai conclu avec vous, par l'entremise de votre représentant (nom), un contrat pour une garantie supplémentaire portant le numéro (n°) pour la voiture (description, n° de série et d'immatriculation).

Le (date), je vous ai avisé que ma voiture présente les défectuosités suivantes (description s'il y a lieu, joindre le diagnostic d'un garagiste expert) et vous avez refusé de faire effectuer les réparations ou d'en acquitter le prix.

Mon véhicule faisant l'objet d'une garantie que vous devez respecter, je vous mets donc en demeure de faire effectuer les réparations nécessaires afin de corriger ces défectuosités, et ce au plus tard le (date), à défaut de quoi je ferai exécuter les réparations à vos frais et j'intenterai contre vous des poursuites judiciaires sans autre avis ni délai.

Veuillez donc agir en conséquence.

Signature
Nom
Adresse
Numéro de téléphone le jour

p.j. Copie de l'expertise d'un garagiste
c.c. Représentant

* Cette lettre pourrait aussi être utilisée pour un problème similaire avec une garantie prolongée. Dans ce cas, il faudrait adresser la mise en demeure au constructeur.

Les taxes

5

ous venez d'acheter, de vendre, de louer ou de donner une automobile et vous vous demandez quelle sera l'influence des taxes sur le prix? Quelles transactions sont taxées et lesquelles ne le sont pas? Voici ce que vous devez savoir concernant l'application de la TVQ et de la TPS au moment de ces transactions.

La vente d'une auto par un commerçant

Lorsque vous achetez une auto neuve ou d'occasion d'un commerçant, vous devez payer la taxe sur les produits et services (TPS) et la taxe de vente du Québec (TVQ). La TPS est, en 1999, applicable au taux de 7 % et la TVQ, au taux de 7,5 %. La TPS s'applique au prix de vente réel. Toutefois, la TVQ est calculée sur le plus gros des deux montants suivants: le prix de vente ou la valeur estimative du véhicule (selon le *Guide*

d'évaluation des automobiles ou le *Guide d'évaluation des camions légers*) moins 500$.

Attention: le prix de vente moyen en gros (valeur estimative) doit être fixé au moyen de l'édition la plus récente le premier jour du mois civil où la transaction a lieu. Par exemple, vous devez utiliser l'édition de mai 1998 si vous achetez une automobile le 11 mai 1998. Le véhicule n'est pas répertorié dans l'un de ces deux guides? Sa valeur estimative équivaut généralement au prix de vente convenu entre les parties.

Supposons que vous payiez 10 000$ une auto dont la valeur est établie à 13 000 $ dans le *Guide d'évaluation des automobiles.* La TPS s'élève à 700$ (10 000$ X 7 %). La TVQ, quant à elle, sera calculée sur 13 200$:
**13 000$** (exemption de 500$
+ TPS de 700$) **= 13 200$**
13 200$ X 7,5 % = 990$
La voiture vous coûtera 11 690$, soit 10 000$ + 700$ + 990$.

Il peut arriver que vous payiez un prix moins élevé que la valeur estimative publiée dans l'un des deux guides parce que le véhicule a subi une usure anormale ou qu'il est endommagé. Dans ce cas, il vous est possible de payer la TVQ sur ce prix moindre. Avant la transaction, vous devez faire évaluer (environ 80 $) le véhicule par un estimateur possédant une attestation de qualification professionnelle d'estimateur en dommages automobiles délivrée par le Groupement des assureurs automobiles. Vous remettez ensuite le rapport d'évaluation au commerçant, qui calculera la TVQ sur le prix de vente réel.

Une autre façon de procéder: payer la TVQ sur la valeur estimative du véhicule et remettre au ministère du Revenu le rapport d'évaluation au plus tard 10 jours ouvrables après la transaction. Vous obtiendrez par la suite le remboursement de la TVQ payée en trop.

La vente d'une auto d'occasion par un particulier

En ce qui concerne les ventes d'autos d'occasion entre particuliers, il n'y a pas de TPS à payer. La TVQ est applicable au taux de 7,5 %. Elle est également calculée sur le montant le plus élevé du prix de vente ou du prix de gros

moyen du *Guide d'évaluation des automobiles* ou du *Guide d'évaluation des camions légers* moins 500 $. Par exemple, un particulier vous vend une voiture 5 000 $. Ce modèle est évalué à 7 000 $ dans le *Guide d'évaluation des automobiles*. Vous paierez donc la TVQ sur 6 500 $, car vous avez droit à une exemption de 500 $. Dans ce cas, la taxe s'élève à 487,50 $ (6 500 $ X 7,5 %). Prenons un autre exemple. Vous achetez d'un particulier une automobile que vous payez 10 000 $. Sa valeur est établie à 8 000 $ dans le *Guide d'évaluation des automobiles*. La TVQ est alors calculée sur 10 000 $, soit 750 $.

Une mise en garde: si vous vendez une voiture d'occasion à un autre particulier ou si vous en achetez une d'un particulier et qu'un commerçant agit à titre de simple intermédiaire, celui-ci ne peut percevoir la TVQ. Dans les cas de vente de véhicules d'occasion entre deux particuliers, seule la Société de l'assurance automobile du Québec (SAAQ) (ou un de ses mandataires) peut percevoir la taxe, et ce au moment où vous effectuez le transfert du véhicule.

Si toutefois il s'agit d'une vente d'accommodation (vous trouvez vous-même un acheteur pour votre ancienne voiture au moment de l'achat de votre nouveau véhicule et vous effectuez les deux transactions chez le même commerçant d'autos), ce commerçant doit appliquer la TPS de même que la TVQ lorsqu'il inscrit le transfert de votre ancien véhicule à l'acquéreur que vous avez vous-même trouvé. Pour votre part, vous ne paierez la TPS et la TVQ qu'à l'égard de la différence entre le prix de votre nouveau véhicule et le crédit qui vous est accordé pour la valeur de votre ancien véhicule.

Par exemple, vous payez votre nouvelle auto 20 000 $ et le concessionnaire vous octroie 10 000 $ pour votre ancien véhicule. Vous paierez donc les taxes sur la différence entre les deux sommes, soit sur 10 000 $. Quant au particulier qui achète votre ancienne voiture par l'entremise du concessionnaire, il paie la TPS et la TVQ sur le prix d'achat.

Un conseil à l'acheteur d'un véhicule d'occasion dans le cadre d'une vente d'accommodation: négociez à la baisse le prix, car vous devrez assumer la TPS (ce qui ne serait pas le cas si vous ne passiez pas par le commerçant).

Lorsque vous achetez un véhicule d'un particulier à un prix inférieur à celui établi dans le *Guide d'évaluation des automobiles*, vous payez la TVQ sur le prix de gros moyen. Vous pouvez réclamer, par la suite, un rembourse-

ment au ministère du Revenu du Québec à l'aide d'un formulaire distribué à la SAAQ. Mais attention: les remboursements ne sont pas systématiquement accordés. Il faut en effet prouver au ministère que vous avez obtenu l'auto moins cher que le prix du *Guide d'évaluation des automobiles* parce qu'elle était, par exemple, en moins bon état.

Pour ce faire, vous devez faire évaluer l'auto par un estimateur possédant une attestation de qualification professionnelle d'estimateur en dommages automobiles délivrée par le Groupement des assureurs automobiles (environ 80 $). Son rapport établira la valeur marchande qui servira à calculer la taxe. Puis, vous devez remettre au ministère du Revenu le rapport d'évaluation au plus tard 10 jours ouvrables après la transaction. Vous obtiendrez par la suite le remboursement de la TVQ payée en trop. Si le vendeur a consenti un bon prix parce qu'il devait vendre rapidement ou pour d'autres raisons, l'acheteur ne pourra obtenir un remboursement de taxe.

La location d'une auto

En ce qui a trait à la location taxable d'automobiles, la TPS s'applique au taux de 7 % et la TVQ, au taux de 7,5 %.

Le don d'une auto

La TPS ne s'applique pas au don d'automobiles d'occasion entre particuliers. Quant à la TVQ, elle est généralement applicable au taux de 7,5 %. Elle est calculée sur le prix de vente moyen en gros, duquel on aura soustrait la somme de 500 $.

Il existe cependant des cas où les dons ou les transferts d'automobiles ne sont soumis ni à la TPS ni à la TVQ. Ce type d'exemptions s'applique si:

• l'automobile est donnée par un particulier à un autre particulier qui est son conjoint ou une personne qui lui est liée (liens de sang, de mariage ou d'adoption);

• l'automobile est donnée par le représentant personnel d'un particulier décédé, conformément au testament de ce dernier ou à la législation relative à la transmission de biens au décès;

• le transfert de l'automobile est effectué entre des particuliers en règlement des droits découlant de leur mariage, à la suite d'un divorce, d'une séparation de corps, d'une annulation de mariage ou d'un décès.

Le financement d'un achat

6

P ayer comptant, c'est encore la solution la plus avantageuse... mais malheureusement à la portée de peu de gens. Donc, on achète de plus en plus d'autos à crédit. La concurrence est féroce dans le marché de l'automobile, voilà sans doute pourquoi concessionnaires et constructeurs offrent des plans de financement fort attrayants en espérant faire pencher la balance en leur faveur.

Selon les statistiques des concessionnaires, plus de 85 % des achats de voitures neuves sont financés par eux ou par une institution financière. Tout populaire qu'il soit, l'achat par emprunt n'en reste pas moins nébuleux pour beaucoup de consommateurs. En effet, ils s'y retrouvent mal dans le dédale des taux d'intérêt, des mensualités et des conditions de remboursement. Nous vous présentons dans ce chapitre les diverses options possibles.

Qui paie la note?

Le financement est généralement la dernière chose à laquelle pense le consommateur qui s'apprête à acheter une auto. Il s'agit pourtant d'une considération prioritaire: il suffit en effet d'un mauvais contrat de financement pour voir filer entre vos doigts tout l'argent économisé grâce à de soigneuses comparaisons de prix et à des négociations serrées.

Une fois que vous avez déterminé le modèle d'auto qui vous convient ainsi que son prix, voyez si vous pouvez vous le payer. En dressant la liste de vos dépenses et de vos revenus mensuels, vous dégagerez votre véritable marge de manœuvre. Dans vos calculs, n'oubliez pas les taxes: une voiture neuve de 17 000 $ vous coûtera quelque 2 554 $ en TPS et en TVQ (voir page 87). Si vous avez une auto à échanger ou à vendre et qui n'est pas payée en entier, déterminez-en la valeur nette en soustrayant du solde que vous devez encore sur cette voiture le montant que vous en tirerez.

Cela fait, commencez à magasiner. Faites d'abord le tour des institutions financières. En quelques coups de fil, vous obtiendrez les principales informations (taux de crédit, durée du prêt, conditions de remboursement, montant des primes d'assurance prêt, etc.). Téléphonez à votre caisse populaire ou à votre banque, bien sûr, mais n'oubliez pas les sociétés de fiducie.

Vous êtes membre d'une association ou d'un ordre professionnel ou encore d'un syndicat? Vérifiez s'ils n'ont pas conclu d'ententes particulières avec des institutions financières, car vous pourriez bénéficier d'une réduction du taux de crédit. Saisissez toujours ces occasions: mine de rien, un prêt de 15 000 $ qui passe de 9 à 8 % se traduit par une économie de 340 $ en quatre ans.

Les taux de crédit peuvent varier selon les conditions du prêt, votre solvabilité et les politiques de l'institution. Avant de vous présenter à un établissement, faites mettre à jour votre dossier de crédit, surtout si vous avez connu des problèmes d'endettement dans le passé. Pour ce faire, prenez rendez-vous avec une agence de renseignements de crédit et allez consulter votre dossier afin de voir si tout est en ordre. Cette démarche n'est pas anodine: un compte de carte de crédit en souffrance peut signifier le rejet de votre demande de prêt.

Les sources de financement

Les consommateurs financent habituellement leur voiture de l'une ou l'autre des façons suivantes:

• **Le paiement comptant.** Si vous avez l'argent à votre disposition, c'est la manière la plus avantageuse d'acheter une auto. En premier lieu, il permet d'éviter d'emprunter et de payer des intérêts. Même si vous devez vider une bonne partie de votre compte bancaire, le jeu en vaut la chandelle.

En effet, lorsque vous contractez un prêt, vous êtes assujetti à un taux de crédit toujours plus élevé que celui qu'on vous accorde lorsque vous faites un placement, exception faite d'un taux réduit offert par un constructeur automobile. Si vous n'avez pas tout l'argent requis en main, faites un versement initial aussi élevé que possible. Ainsi, vous réduirez le montant de votre emprunt.

En utilisant vos épargnes pour payer comptant, non seulement vous évitez les frais de crédit d'un emprunt, mais vous n'aurez pas à payer d'impôt sur d'éventuels revenus d'intérêt qui, de toute façon, seraient moindres que les intérêts à verser à un prêteur.

• **Le prêt personnel accordé par une institution financière.** C'est l'emprunt classique, garanti par votre maison, vos meubles, vos obligations d'épargne, vos certificats de placements, etc. Le prêt personnel peut être remboursé par anticipation n'importe quand sans pénalité, et il vous permet de choisir un taux fixe ou un taux variable. Autre avantage: vous pouvez vendre l'auto quand bon vous semble car, pour le banquier, seul le remboursement de la dette importe.

Les prêts à taux fixe portent habituellement un intérêt de 0,5 à 2 % plus élevé que le prêt à taux variable. Avec ce type de prêt, vous remboursez chaque mois toujours le même montant; cela peut donner un coup de pouce à votre planification budgétaire. Si les taux de crédit du marché chutent, il est possible de renégocier votre prêt ou d'en contracter un autre afin de rembourser le premier sans pénalité. Et s'ils se mettent à grimper, vous êtes protégé.

Par contre, avec un prêt à taux variable, vos mensualités peuvent changer d'un mois à l'autre. Si les taux baissent, vous en profitez automatiquement, mais s'ils montent, vous devrez payer davantage. Parce que votre protection est moindre, les institutions financières consentent généralement un taux de base inférieur à celui d'un prêt à taux fixe. Magasinez.

• **Le «prêt auto».** Techniquement parlant, il s'agit d'une vente à tempérament. Son taux d'intérêt est toujours fixe. Tant les institutions financières que les concessionnaires peuvent en consentir. Ces derniers obtiennent l'argent de deux sources: des institutions financières et des sociétés de crédit liées aux constructeurs. Le volume d'affaires du concessionnaire lui permet souvent d'obtenir l'argent moins cher que vous.

Dans un prêt auto, la voiture sert de garantie à l'emprunt et reste la propriété du prêteur jusqu'au dernier versement. Aussi, vous devez obtenir son autorisation avant de la vendre.

Cette formule est-elle plus avantageuse que le prêt personnel? Les avis sont partagés. Chose certaine, le prêt personnel est plus souple: vous pouvez vendre votre auto en tout temps, sans demander la permission du prêteur. Cependant, si vous n'effectuez pas vos paiements, vous êtes davantage à la merci du créancier que dans le cas d'un «prêt auto», pour lequel la LPC vous accorde des droits spécifiques. Ainsi, si vous êtes dans l'impossibilité d'effectuer vos paiements, le prêteur doit vous expédier un avis écrit et vous allouer un délai de 30 jours avant de reprendre possession de l'automobile. Et si vous avez déjà réglé la moitié ou plus de votre dette, votre créancier devra obtenir l'autorisation du tribunal avant de procéder à la saisie de la voiture. Dans ce dernier cas, comme dans celui où le commerçant accepte de reprendre votre véhicule, le reste de votre dette est automatiquement effacé.

• **Le prêt-rachat.** Certaines institutions financières offrent cette formule. Le prêt-rachat est un prêt personnel particulier: à échéance égale, les mensualités sont inférieures à celles d'un prêt personnel ordinaire parce que l'auto comporte une valeur résiduelle, comme dans une location à long terme. Si vous désirez garder l'auto à l'échéance, vous devez payer cette valeur résiduelle. Sinon, vous retournez le véhicule à l'institution financière dans un état d'«usure normale» et vous payez les réparations s'il y a lieu.

Comme les contrats de location à long terme, ceux de prêt-rachat fixent généralement des limites annuelles de kilométrage, 24 000 km par exemple.

Remise ou taux réduit?

Le taux réduit est parfois profitable quand il s'applique à un prêt de longue durée — 48 ou 60 mois par exemple — et au plus gros montant possible. Autrement, la remise en argent est généralement l'option la plus payante. Même si le taux réduit du concessionnaire se compare avantageusement avec les taux pratiqués par les institutions financières, n'oubliez pas qu'en encaissant la remise en argent vous n'aurez pas à emprunter cette somme.

Par ailleurs, il faut faire attention au taux réduit offert la première année du financement seulement avec lequel certains concessionnaires tentent de vous attirer. Par exemple, pour un «prêt auto» de 15 000 $ remboursable en 48 mois, le commerçant dit que vous paierez 3,9 % la première année, puis 10,5 % par la suite. Comme les prêts auto doivent obligatoirement porter un taux d'intérêt fixe, le concessionnaire vous fait signer un contrat de 4 ans à 10,5 % et vous remet 12 chèques postdatés de 43,80 $, chèques qui couvrent la différence entre vos paiements à 10,5 % et ceux à 3,9 %. Une bonne affaire? Pas tout à fait. Vous versez ainsi plus d'intérêt que s'il s'était agi d'un véritable prêt à 3,9 %, suivi d'un autre à 10,5 %. Et les 12 chèques de 43,80 $? Ne couvrent-ils pas la différence? Pas toujours: certains concessionnaires auront pris soin de gonfler le prix de la voiture de 525 $...

Ne vous laissez donc pas berner par les taux très bas qui ne durent que 12 mois. Recherchez plutôt les véritables taux réduits offerts par le constructeur.

Les assurances prêts

Lorsque vous contractez un prêt personnel ou un «prêt

auto», on tente de vous faire souscrire une assurance vie et une assurance invalidité. Sources de profits appréciables pour les commerçants, ces produits sont vendus de deux manières: comme option, c'est-à-dire que les primes sont facturées séparément, ou comme forfait inclus dans l'ensemble du prêt. Cette dernière formule est coûteuse, car vous payez de l'intérêt sur les primes.

Ces protections ne sont pas toujours nécessaires. Aux consommateurs sans dépendants, il est conseillé d'y penser à deux fois avant de souscrire une assurance vie: si vous mourez avant d'avoir remboursé votre prêt, le créancier reprend la voiture, et la dette est effacée. Quant à l'assurance invalidité, informez-vous de ce que l'assureur entend par «invalidité», car certaines définitions sont extrêmement restrictives. La plupart des polices prévoient une invalidité d'au moins deux semaines avant le versement des prestations, mais cela peut aller jusqu'à 90 jours! De plus, l'assureur peut exiger que vous soyez suivi par un médecin tout au long de votre invalidité. Finalement, certaines maladies préexistantes sont exclues.

Comparez le coût de l'assurance offerte par le concessionnaire à celle d'une institution financière. La plupart du temps, l'assurance du concessionnaire est plus coûteuse.

Selon une étude de l'APA, les assureurs qui font affaire avec les concessionnaires leur versent des commissions oscillant entre 25 et 40 %, ce qui est considérable. Pour vous faire avaler la pilule, on camoufle le paiement des primes dans le versement mensuel ou on dit que la police ne coûtera que quelques dollars par mois sans en préciser le montant.

L'APA recommande d'opter pour une assurance dont les primes sont facturées mensuellement et qui est annulable sans pénalité si le véhicule est volé ou le prêt payé par anticipation.

Si vous décidez de vous assurer, n'oubliez pas de demander une copie de la police ou un certificat d'assurance. Et sachez que si vous acquittez votre dette avant l'échéance, vous avez droit au remboursement des primes que vous avez versées d'avance, s'il y a lieu.

Un prêt à long terme?

Il n'est pas payant d'allonger la durée du prêt, même si les mensualités sont un peu plus basses. Ainsi, pour un prêt de 14 600 $ à 8 %, vous paierez un grand total de 17 108,64 $ sur 48 mois (356,43 $ par mois), alors que le même prêt sur 60 mois vous coûtera au total 17 762,40 $ (296,04 $ par mois), soit 653,76 $ de plus. Au lieu d'allonger votre prêt, pourquoi ne pas opter pour une automobile moins chère?

LE FINANCEMENT D'UN ACHAT EN HUIT ÉTAPES

Dénicher le mode de financement le plus avantageux fait partie intégrante de l'achat d'une voiture. Voici, en huit étapes, une façon de procéder.

1 Précisez vos besoins. Par exemple, une nouvelle voiture est-elle vraiment indispensable? La question semble tomber sous le sens, mais sachez que plusieurs consommateurs achètent une voiture neuve sous le coup de l'impulsion.

2 Dressez votre bilan financier. À combien s'élèvent vos revenus? Quelles sont vos obligations financières présentes? Quel prix maximal pouvez-vous payer? Combien pouvez-vous verser par mois?

3 En combien de versements désirez-vous acquitter la dette contractée? Préférez-vous la stabilité qu'apporte un taux d'intérêt fixe, ou vous accommoderez-vous bien d'un taux variable qui suit les fluctuations du marché?

4 Renseignez-vous sur les taux de crédit offerts. Les institutions financières donnent généralement cette information par téléphone. N'oubliez pas: prêter de l'argent est un commerce concurrentiel qui vous permet de négocier avec les prêteurs comme avec les concessionnaires.

5 Avant de négocier le prix d'achat de la voiture, obtenez d'une institution financière un prêt préautorisé au meilleur taux possible. Ce genre de prêt est garanti pour 30, 60 ou 90 jours, sans obligation de votre part de contracter l'emprunt au bout de cette période. Les prêts préautorisés peuvent être consentis par téléphone, mais attendez de recevoir une confirmation écrite avant de vous engager auprès du concessionnaire.

6 Chez le concessionnaire, négociez d'abord le prix d'achat du véhicule et des accessoires optionnels qui vous intéressent ainsi que la valeur d'échange de votre vieille voiture. Renseignez-vous sur les différentes remises proposées ou sur les ensembles d'accessoires optionnels applicables au modèle choisi.

7 Ensuite, si nécessaire, abordez la question du financement. Dites au concessionnaire que c'est une possibilité que vous envisagez, sans pour autant vous engager envers ce dernier. Faites-vous expliquer toutes les conditions avant de vous prononcer, et comparez le taux offert à celui de votre prêt préautorisé.

8 Attention aux délais de résolution des contrats! Nous ne le répéterons jamais assez, le fameux «10 jours pour annuler» ne concerne que les contrats de vente itinérante. Et, dans son établissement, le concessionnaire n'en conclut pas! Si vous signez un contrat de crédit, vous ne disposez que de deux jours pour le résilier. Cependant, si l'auto neuve vous est livrée au moment de la signature du contrat, vous n'avez aucun délai d'annulation.

La location à court terme

7

Vous n'avez pas de voiture, mais vous souhaitez vous évader à la campagne pendant un week-end. Vous décidez donc de louer à court terme et de profiter des forfaits de week-end qu'offrent certaines entreprises de location. Vaut-il la peine de magasiner? Quels sont les critères à considérer?

La location à court terme ne fait pas l'objet de dispositions particulières dans la LPC. Les contrats de location à court terme sont toutefois soumis aux dispositions générales de la loi, tel que cela est prévu aux articles 8 à 19, et à des dispositions relatives aux pratiques commerciales, principalement en ce qui a trait aux représentations fausses et trompeuses. Par location à court terme, on entend une location dont la durée ne peut dépasser le terme de quatre mois. En effet, pour être considéré comme un contrat de location à court terme, le contrat ne doit pas inclure une clause de renouvellement dont le délai permettrait la location pendant plus de quatre mois.

Le magasinage

Dans ce domaine comme dans bien d'autres, prenez le temps de magasiner, car les prix peuvent varier grandement d'une entreprise à l'autre. Si vous optez pour la location à court terme, ne vous méprenez pas sur certaines publicités qui vous offrent, par exemple, des forfaits de week-end pour seulement 29,99 $. En effet, le prix annoncé dans ce genre de publicité ne comprend généralement pas le coût du kilométrage, les frais d'assurance et les taxes sur le montant total de la facture. En fait, il comprend **seulement** le prix de disponibilité du véhicule. Dans ce cas, vous devez donc multiplier le prix annoncé par trois et plus pour avoir une bonne idée de la facture totale que vous aurez à payer.

Si vous êtes déjà propriétaire d'une automobile, vérifiez si votre assurance comprend l'«avenant n° 27» (voir page 108) concernant l'éventuelle location à court terme d'une voiture. Si c'est le cas, utilisez votre contrat d'assurance personnelle plutôt que celle proposée par le locateur; vous éviterez ainsi de payer des frais d'assurance en double. Si vous possédez cet avenant, prenez soin d'en demander une attestation écrite et bilingue à votre assureur (certaines compagnies en font mention sur leur certificat d'assurance automobile). Sinon, vérifiez le prix d'ajout d'un tel avenant. C'est parfois gratuit.

Avant de vous déplacer, magasinez toujours par téléphone. Voici les questions essentielles à poser:
• l'âge et le modèle de l'auto;
• le nombre de kilomètres inclus dans votre location;
• le coût des kilomètres additionnels ou du «kilométrage illimité»;
• le coût des kilomètres additionnels payés à l'avance;
• le montant de la franchise d'assurance;
• ce qui est couvert et ce qui ne l'est pas par l'assurance;
• le lieu de déplacement: avez-vous le droit d'aller en Ontario ou aux États-Unis, par exemple?

Les obligations du locateur

• Un commerce de location d'automobiles devrait fournir un véhicule en bon état de fonctionnement et s'engager à effectuer toutes les réparations nécessaires.
• En vertu de la LPC, la voiture doit être conforme aux déclarations et aux messages publicitaires du commerçant.
• Lorsque vous louez une automobile à court terme, assurez-vous que toutes les clauses monétaires et celles ayant trait aux assurances soient dûment remplies. Avant d'apposer votre signature, n'hésitez pas à bien vous faire expliquer par le préposé au comptoir de location tous les détails concernant les sommes exigibles au retour du véhicule et toutes les conditions (risques couverts et franchise applicable) touchant les assurances.

... et les vôtres

• Utiliser le véhicule de façon raisonnable.
• Payer les frais de location.
• Rendre l'automobile en bon état à l'expiration du contrat.
• Ne pas modifier le véhicule.

Si vous ne prenez pas possession d'un véhicule que vous

avez réservé, vous pourriez être facturé par le commerçant. Celui-ci doit cependant prouver les dommages qu'il a subis. En pratique, il est rare qu'une entreprise intente de tels recours puisqu'elle arrive assez facilement à louer à quelqu'un d'autre le véhicule réservé.

La convention de renonciation

Vous êtes responsable des dommages qui pourraient survenir à une voiture que vous avez louée à court terme. En cas d'accident, vous devrez donc payer sa remise en état. Question de prévoir cette éventualité, les entreprises de location proposent ce qu'elles appellent une «assurance collision sans franchise» ou une «assurance perte et dommages sans déductible». De fait, il ne s'agit pas d'une assurance, mais plutôt d'une convention de renonciation, c'est-à-dire une disposition du contrat de location qui vous soustrait, en tout ou en partie, à la réclamation que pourrait vous adresser le commerçant en cas de dommages au véhicule. Autrement dit, vous le payez pour qu'il renonce à vous réclamer de l'argent si l'auto était endommagée.

La convention la plus courante ne comporte pas de franchise et vous protège généralement des réclamations à la sui-

te d'une collision, du vol, de l'incendie du véhicule ou d'autres circonstances imprévues (chute d'un arbre sur la voiture, par exemple). Elle peut toutefois comporter des exclusions comme le bris des glaces, les dommages aux pneus ou les dégâts survenus hors de la route. D'autres conventions moins coûteuses exigent par contre une franchise de plusieurs centaines de dollars en cas de dommages. À noter: certaines conventions sont inapplicables si vous êtes responsable de l'accident.

Le contenu des conventions varie donc selon le commerçant. De plus, chaque succursale d'un même commerçant peut imposer ses propres restrictions. Voilà pourquoi il est essentiel de lire toutes les clauses de la convention afin de connaître l'étendue de vos responsabilités.

Et si vous la refusez?

Il n'y a aucune obligation légale d'accepter la convention de renonciation offerte par un locateur. Toutefois, si vous la refusez et êtes impliqué dans un accident, de nombreuses entreprises vous tiendront responsable de tout dommage au véhicule, quelles que soient les circonstances de l'accident. Certaines exigeront la franchise qu'elles devront assumer si elles font une réclamation à leur compagnie d'assurance. D'autres, enfin, vous demanderont de rembourser la valeur intégrale du véhicule.

Même un accrochage mineur peut vous coûter une petite fortune. En effet, le locateur pourrait vous facturer, outre les réparations, des frais de remorquage et même de «manque à gagner», si la compagnie subit une perte de revenus pendant que le véhicule est en réparation.

Des solutions de rechange

• **Votre propre assurance automobile.** Comme nous le mentionnions précédemment, si votre police d'assurance comprend l'«avenant n° 27» (voir page 108) qui couvre l'éventuelle location à court terme d'une voiture, vous n'avez pas à payer de nouveau pour vous prévaloir de la convention de renonciation. En effet, cette option permet d'étendre au véhicule loué à court terme vos propres couvertures et franchises automobiles (au Canada et aux États-Unis seulement). Cette disposition, qui s'applique également lorsque vous conduisez l'auto d'une autre personne, procure habituellement une meilleure protection que les conventions de renonciation, à coût moindre et pendant toute l'année.

Par ailleurs, si vous louez à court terme un véhicule pour remplacer le vôtre, temporaire-ment inutilisable à la suite d'un accident, par exemple, c'est le contrat de base de votre assurance auto qui vous protège. Attention, toutefois: le véhicule de location ne sera protégé pour ses propres dommages qu'à condition que cette protection soit incluse dans votre contrat d'assurance (si votre assurance ne couvre que les dommages aux autres voitures et que vous avez un accident avec l'auto de location, vous devrez en payer les réparations de votre poche).

• **Les cartes de crédit.** Certains émetteurs de cartes de crédit vous proposent une assurance vol et collision lorsque vous utilisez votre carte pour régler la location à court terme d'une voiture. C'est un avantage important, mais ces protections sont évidemment limitées; aussi, vérifiez bien les modalités et les exclusions en vigueur: montant de garantie, type de véhicules admissibles, franchises, etc. Par exemple, les véhicules utilitaires ne sont pas toujours couverts par ce type d'assurance.

À vérifier avant de prendre le volant

• **L'inspection du véhicule.** Avant de signer le contrat et de prendre la route, examinez l'état du véhicule en compagnie du locateur. Surveillez particulièrement la présence d'égratignures et de bosses sur la carrosserie. Y a-t-il déjà des brûlures de cigarette ou des déchirures sur les banquettes? La roue de secours est-elle bien présente dans le coffre arrière (pour ne pas qu'on vous accuse de l'avoir volée)? Sinon, vous courez toujours le risque de rembourser des dommages dont vous n'êtes pas responsable. D'habitude, les commerçants annexent au contrat un dessin de l'auto sur lequel doivent paraître les parties endommagées. Assurez-vous que les indications du dessin correspondent à l'état du véhicule.

Si, par malchance, vous subissez un accident, faites évaluer le coût des réparations avant de rendre l'automobile; vous vous assurez ainsi que les frais de réparations demandés ne seront pas excessifs. Les articles 8 et 9 de la LPC protègent d'ailleurs le consommateur contre la disproportion excessive entre les dommages causés et les frais de réparations réclamés, et contre les clauses abusives qui pourraient rendre le locataire responsable de dommages qu'il n'a pas causés.

• **Le niveau d'essence.** La plupart des commerçants exigent que le réservoir d'essence soit au même niveau au retour du véhicule que lorsque vous en avez pris possession. Si vous ne faites pas le plein, la compagnie s'en charge et vous facture le carburant à un prix supérieur à

celui pratiqué à la pompe. Une formule plus récente: certains commerçants vous facturent le plein d'essence et demandent que le réservoir soit vide au retour de l'auto... S'il reste du carburant, c'est vous qui perdez!

• **L'odomètre.** Avant de quitter le terrain de stationnement du commerçant, vérifiez si le kilométrage indiqué au compteur correspond à celui qui apparaît au contrat, si vous payez au kilomètre. Vous vous éviterez ainsi de payer un kilométrage supérieur à celui que vous aurez réellement parcouru. Assurez-vous également que le nombre de kilomètres gratuits auquel vous avez droit est indiqué au contrat.

• **Le lieu de déplacement.** Des contrats interdisent que le véhicule soit utilisé sur des routes non pavées ou à l'extérieur de la province sans le consentement écrit du commerçant de location.

• **Un accident?** En cas de vol ou d'accident, avertissez les autorités policières, même si elles ne font pas de constat. S'il y a un litige, le témoignage du policier appelé sur les lieux pourrait s'avérer précieux, surtout à l'extérieur du Québec où les politiques en matière de responsabilité diffèrent des nôtres.

• **Revenez à l'heure.** En règle générale, la location à la journée est contractée pour une période de 24 heures. Si vous êtes en retard, la compagnie peut vous imposer des frais supplémentaires. Vérifiez ce point avant de partir.

• **À l'étranger.** Louez si possible d'une entreprise qui fait affaire au Québec. De cette façon, vous pourrez faire valoir vos droits beaucoup plus facilement. Pour une période de plus de deux ou trois semaines, vous pouvez réaliser des économies en optant pour un plan d'achat-rachat plutôt que pour la location à court terme traditionnelle. L'achat-rachat, qui signifie l'achat temporaire d'une auto neuve, comporte de nombreux avantages dont le fait de conduire une voiture neuve, le kilométrage illimité, une assurance, etc. Informez-vous auprès de votre agent de voyages.

• **La remise du véhicule.** Si vous laissez la voiture à un endroit autre que celui où vous l'avez louée, les commerçants de location peuvent vous imposer un supplément qui varie selon que le point de remise est situé dans la même ville ou ailleurs. Informez-vous.

Une panne?

Après quelques kilomètres sur l'autoroute, l'auto que vous avez louée à court terme s'arrête et refuse de redémarrer. Vous devez donc attendre la remorqueuse qui vous amènera au garage. Une fois sur place, vous essayez en vain de joindre le commerçant. Le répondeur vous informe que les bureaux sont fermés jusqu'au lundi matin. Vous demandez donc au mécanicien d'effectuer le minimum de réparations nécessaires. Coût: 75$ pour le remorquage et 25$ pour le remplacement d'une courroie.

Le réflexe de tenter de joindre le commerçant avant de faire exécuter la réparation était inspiré par la sagesse. En effet, le commerçant aurait pu décider de faire remorquer l'automobile et de vous en louer une autre. Mais puisque le commerce était fermé, vous n'aviez d'autre solution que de faire effectuer la réparation.

Par contre, si la réparation est très coûteuse, la sagesse commande de laisser la voiture sur place en attendant la décision du locateur et de continuer votre voyage par un autre moyen.

Au Québec, vous pourrez toutefois réclamer le remboursement des frais de réparation en vertu de l'article 37 de la LPC, qui stipule qu'un bien doit pouvoir servir à l'usage auquel il est destiné. Le *Code civil* précise encore plus nettement les droits du locataire en spécifiant que le locateur a l'obligation de livrer le bien en bon état de réparation de toute espèce et d'en procurer la jouissance paisible pendant la durée du bail.

L'assurance automobile

8

T ous les Québécois sont protégés par un régime public d'assurance automobile. Ce régime les indemnise pour les blessures corporelles subies au cours d'un accident d'automobile. Mais pour être compensé pour les dommages matériels, il faut se munir d'une assurance privée.

Le régime d'assurance automobile du Québec

Depuis 1978, les dommages corporels subis par les résidents du Québec au cours d'un accident survenu au Québec ou partout dans le monde sont couverts par la Société de l'assurance automobile du Québec (SAAQ). Le régime public d'assurance automobile est sans égard à la faute, ce qui signifie que tous sont indemnisés sans qu'il soit nécessaire de

déterminer le responsable de l'accident. Que vous soyez conducteur d'un véhicule automobile, passager, motocycliste, piéton ou cycliste, vous pouvez être indemnisé, peu importe l'endroit dans le monde où se produit l'accident. Toutefois, les poursuites devant les tribunaux civils ne sont pas autorisées. Bien entendu, les personnes qui conduisent dangereusement ou commettent des infractions au *Code de la sécurité routière* et au *Code criminel* sont toujours susceptibles d'être poursuivies en vertu de ces lois.

Les indemnités

Les diverses indemnités versées par la SAAQ visent principalement à compenser la perte économique subie en raison d'un accident. Il peut s'agir, par exemple, de remplacer un salaire perdu ou de verser un montant pour la perte d'une année scolaire. La SAAQ peut aussi rembourser certains frais découlant d'un accident, comme l'achat de médicaments. L'organisme peut également verser à la personne accidentée une indemnité forfaitaire pour séquelles, qui vise à compenser des dommages corporels permanents occasionnés par un accident. En cas d'accident, il est donc possible que vous ayez droit:

• à une indemnité forfaitaire pour les séquelles qui demeurent permanentes;
• à une indemnité de remplacement du revenu;
• au remboursement de certains frais occasionnés par l'accident (frais médicaux et paramédicaux, transport par ambulance, achat de prothèses ou d'orthèses, remplacement de vêtements, etc.);
• à une indemnité forfaitaire pour la perte d'une année scolaire ou d'une session d'études;
• au remboursement des frais de garde ou des frais d'aide personnelle à domicile;
• au remboursement des frais de remplacement de main-d'œuvre pour les personnes travaillant sans rémunération dans une entreprise familiale;
• à une indemnité de décès;
• à une indemnité forfaitaire pour frais funéraires.

La SAAQ peut aussi couvrir des dépenses visant à faciliter le retour à la vie normale des victimes, ainsi que leur réinsertion dans le marché du travail, tels les frais d'adaptation d'un véhicule ou d'une résidence, des frais de formation ou de rééducation, etc.

Un droit d'appel

Si elles croient avoir été lésées par une décision de la SAAQ, les victimes peuvent demander la révision de leur dossier. Il faut alors remplir un formulaire de demande de révision et le retourner dans un délai de 60 jours après que la décision de la SAAQ a été transmise. Cette demande doit prouver que la victime a droit aux indemnités qu'elle réclame; elle doit donc comporter les faits qui le démontrent. Notez que si des expertises médicales sont nécessaires, la victime devra en assumer le coût. Dans le cas d'une décision favorable du Bureau de révision, elle pourra toutefois en obtenir le remboursement en partie ou en totalité.

Insatisfait de la nouvelle décision? Il faut alors porter votre cas en appel devant la Commission des affaires sociales. Cette fois-ci, la décision est finale.

La Fondation des accidentés de la route (514 277-8555) peut vous appuyer dans vos démarches juridiques et médicales, moyennant des frais d'adhésion.

À l'extérieur du Québec

Le Québécois blessé dans un accident d'automobile survenu hors du Québec a droit aux mêmes indemnités prévues par le régime d'assurance automobile pour les dommages corporels, qu'il soit ou non responsable de l'accident.

Mais attention: s'il est responsable de l'accident, il est susceptible d'être poursuivi devant les tribunaux du lieu de l'accident pour les dommages corporels et matériels causés à autrui. C'est alors son assurance responsabilité qui le protégera. Donc, avant de prendre le volant à l'étranger, il est bon de vérifier auprès de votre assureur privé si vous possédez une couverture suffisante.

Qu'arrive-t-il si vous n'êtes pas responsable de l'accident? Vous conservez alors votre droit de poursuite en vertu de la loi en vigueur à l'endroit de l'accident. Vous pouvez exercer ce droit si vous estimez pouvoir obtenir un excédent à l'indemnité que vous verse la SAAQ. Cependant, avant de le faire, vous devez en aviser la SAAQ, car celle-ci a un droit de premier recours qu'elle peut décider d'exercer.

Les exclusions

Dans certains cas, les victimes n'ont pas droit aux indemnités versées par la SAAQ:
• lorsque l'accident survient au cours d'une compétition, d'un spectacle ou d'une course d'automobiles sur un terrain fermé à toute autre circulation automobile;

• lorsque le dommage est causé par une motoneige, un véhicule destiné à être utilisé en dehors d'un chemin public (par exemple, un véhicule tout terrain), un tracteur de ferme, une remorque de ferme, un véhicule d'équipement (par exemple, un véhicule de déneigement) ou une remorque d'équipement et qu'il survient en dehors d'un chemin public, sauf si une automobile en mouvement autre que les véhicules mentionnés ci-haut est impliquée dans l'accident;
• si le dommage est causé lorsqu'une automobile n'est pas en mouvement dans un chemin public, soit par un appareil susceptible de fonctionnement indépendant incorporé à l'automobile (par exemple, l'échelle d'un camion d'incendie), soit par l'usage de cet appareil.

Combien ça coûte?

Les contributions à l'assurance automobile du Québec sont prélevées sur les droits d'immatriculation et de permis de conduire. En ce qui concerne l'immatriculation, le montant de l'assurance varie selon la catégorie du véhicule; il est plus élevé dans le cas d'un camion que dans celui d'un véhicule de promenade, car les risques de dommages corporels causés à autrui sont plus grands. Quant à la contribution liée au permis de conduire, le montant que vous devez débourser varie selon votre dossier de conduite, tel qu'indiqué dans le tableau à la page 115. En effet, les conducteurs ayant plusieurs points d'inaptitude à leur dossier ou dont le permis a été révoqué à la suite d'une infraction au *Code criminel* présentent un risque beaucoup plus grand que les autres, ce qui se traduit par une contribution d'assurance plus élevée pour eux. Toutefois, en 1997, plus de 90 % des conducteurs n'assumaient que la contribution d'assurance de base, qui est de 50 $ pour deux ans, parce qu'ils avaient conservé un bon dossier de conduite (de 0 à 3 points d'inaptitude).

L'assurance privée

Au Québec, les compagnies offrant de l'assurance automobile utilisent un contrat type dont les garanties de base sont regroupées en deux sections: la responsabilité civile et les dommages à votre véhicule. Notons que le contrat d'assurance automobile de base est le même pour tous les assureurs au Québec.

La responsabilité civile

L'assurance de responsabilité civile vous protège si, à la suite d'un accident d'auto, vous devez dédommager quelqu'un d'autre pour des dommages matériels ou corporels. Les dommages corporels dont il est question ici excluent évidemment ceux couverts par la SAAQ pour les résidants du Québec (voir page 103).

La *Loi sur l'assurance automobile du Québec* vous oblige à contracter une assurance de responsabilité civile d'une couverture minimale de 50 000 $. Toutefois, la plupart des assureurs proposent, à un coût relativement minime, une protection supérieure allant parfois jusqu'à deux millions de dollars. Pourquoi?

• Parce que, si vous êtes impliqué dans un accident à l'extérieur du Québec (ailleurs au Canada ou aux États-Unis), les poursuites peuvent dépasser largement cette protection minimale de 50 000 $, surtout si la réclamation est fondée sur des dommages corporels.

• Parce que même au Québec, il ne faut pas sous-estimer le risque que vous causiez des dommages matériels importants avec votre véhicule. Si, par exemple, vous êtes impliqué dans un accident qui cause l'incendie d'un immeuble, une limite de 50 000 $ pourrait s'avérer nettement insuffisante.

Les dommages à votre véhicule

Il est possible de choisir, parmi divers types de protections, celles qui correspondent le mieux à la valeur de votre véhicule. Si celle-ci est peu élevée, il peut s'avérer inutile d'acquérir l'une ou l'autre de ces assurances, réduisant ainsi de manière importante votre prime.

• **La protection «collision ou versement»** couvre les dommages subis par votre véhicule si vous êtes responsable d'un accident impliquant ou non un autre véhicule. Par exemple, en vertu de cette protection, vous seriez indemnisé pour les dommages causés à votre véhicule à la suite d'un renversement dans le fossé. De même, elle vous indemniserait pour les dommages causés à votre voiture à la suite d'un délit de fuite. Elle comporte une franchise qui est généralement de 250 $, mais que vous pouvez augmenter si vous voulez payer une prime moins élevée.

• **La protection «accidents sans collision ni versement»** vous protège contre tous les risques autres que la collision ou le versement, tels que l'incendie, le vol, le bris de vitre, le vandalisme, les émeutes, les tempêtes de vent, etc. Cette assurance couvre aussi les dommages causés à votre véhicule par la collision avec des animaux.

Bien que, de façon générale, les propriétaires d'un véhicule récent choisissent une combinaison des deux assurances précédentes pour bénéficier d'une protection complète, **la protection dite «tous risques»** représente aussi une possibilité. Sa particularité: elle offre le

même genre de garanties, mais est assortie d'une franchise unique pour tous les risques (cette franchise est généralement de 250 $). Ainsi, ce type d'assurance fait que, si vous avez à faire remplacer votre pare-brise, vous devrez débourser cette franchise de 250 $, alors qu'il ne vous en coûterait que 50 $ si vous aviez plutôt choisi une assurance «accidents sans collision ni versement».

• **La protection «risques spécifiés»**, plus limitée, offre une protection contre certains événements précis (incendie, vol, émeute, tempête de vent, etc.) et convient parfois mieux aux propriétaires de véhicules plus âgés, en raison de sa prime peu élevée. Il est cependant important de retenir que l'assurance «risques spécifiés» ne couvre pas le vandalisme ni le bris de vitre. La franchise de base est généralement de 50 $.

Mentionnons également qu'en ce qui concerne les dommages à votre véhicule, peu importe l'assurance choisie, la franchise inscrite à votre contrat ne s'applique pas lorsque le dommage est causé par l'incendie ou la foudre.

Les protections additionnelles

En plus du contrat d'assurance de base, l'automobiliste a bien sûr la possibilité d'ajouter certaines options susceptibles de répondre à ses besoins.

Ces protections additionnelles portent le nom d'«**avenants**».

Si votre véhicule est temporairement inutilisable à cause d'un événement couvert par votre assurance, l'«avenant nº 20» permet de rembourser certains frais de déplacements (location d'une auto, taxis, transport en commun). Selon la police en vigueur, l'allocation maximale pour ces dépenses varie généralement de 750 à 1 000$ ou 1 500$. La majorité des assureurs imposent aussi une limite de 25, 35 ou 40$ par jour, alors que certains d'entre eux vous proposent une garantie sans limite quotidienne. Pour être indemnisé, vous devez bien sûr fournir les factures et les reçus requis.

S'il vous arrive d'emprunter occasionnellement le véhicule de quelqu'un d'autre, ou encore si vous avez à louer une voiture pour une courte période, l'«avenant nº 27» vous protège de la même façon que votre assurance auto. Cet avenant couvre les dommages dont vous pourriez être tenu responsable lorsque vous conduisez un véhicule emprunté ou loué. Par ailleurs, si vous louez une auto, cet avenant vous permet d'économiser sur les frais de location, puisque vous n'avez alors pas à acheter l'assurance offerte par la compagnie de location. Une protection dont il est bon de se prémunir avant de partir en vacances, par ex-

emple. Notons enfin que cet avenant exclut évidemment les dommages à d'autres véhicules vous appartenant ainsi qu'à ceux de votre conjoint ou à une personne vivant sous le même toit que vous.

Il est aussi possible d'acheter une protection de valeur à neuf ou d'indemnisation sans dépréciation («avenant nº 43 [A à E]») qui vous protège en cas de perte totale ou partielle. Appelé communément «**valeur à neuf**», cet avenant est généralement offert pendant une période déterminée après l'achat d'un véhicule neuf ou usagé ou la location d'un véhicule à long terme. En achetant cette protection, vous évitez qu'une dépréciation soit appliquée sur le montant alloué soit pour le remplacement de votre véhicule en cas de perte totale, soit pour les réparations en cas de perte partielle.

Comme cette protection est facultative et se renouvelle d'année en année, les assureurs y mettent certaines conditions. Ainsi, l'«avenant nº 43» est généralement offert pour une période de deux à quatre ans. Lorsque votre véhicule sera plus âgé, il est probable que votre assureur ne renouvelle plus cet avenant.

Enfin, si vous remisez votre véhicule pour une longue période, «l'avenant nº 16» permet de suspendre certaines clauses de votre contrat et, de ce fait, d'économiser sur votre prime pendant cette période. Prévenez votre assureur de toute décision en ce sens.

Il est important aussi de prendre en considération les diverses offres spéciales de certains assureurs. Indemnité supérieure pour les frais de déplacement, absence de franchise pour certains risques… Le consommateur gagne certainement à vérifier ce qu'offre le marché.

Qu'en est-il de la location d'auto à long terme?

Même si la loi impute au locateur la responsabilité de la perte ou de la détérioration de l'automobile par suite d'un cas fortuit, c'est-à-dire généralement un vol, un incendie ou un accident n'impliquant aucune faute de la part du locataire, celui-ci a intérêt à s'assurer sans tenir compte de cette responsabilité du locateur. Toutefois, s'il y a perte ou détérioration de l'automobile par cas fortuit, le locataire devrait réclamer du locateur, plutôt que de son assureur, le remplacement ou la réparation de l'automobile; cependant, le locataire a l'obligation d'aviser son assureur de cette réclamation ainsi que de l'événement qui en est la cause: en agissant ainsi, le locataire pourra aussi éviter l'accroissement du montant de sa prime d'assurance dans le futur.

Le locataire doit aviser son assureur qu'il s'agit d'une location; il doit en outre lui fournir les coordonnées du locateur car, en cas de sinistre, l'indemnisation est ordinairement payable solidairement au locateur et au locataire de l'auto, puisque le locateur est souvent nommé comme assuré désigné sur la police d'assurance automobile du locataire.

Si le locateur peut obliger le locataire à souscrire à des assurances, il ne peut l'obliger à s'assurer par son intermédiaire, bien que le consommateur soit libre de faire ce choix. La police d'assurance du locataire devrait prévoir une **protection complète** (responsabilité civile obligatoire, assurance collision facultative et protection en cas de feu, de vol ou de vandalisme également facultative). L'option «**valeur à neuf**» est fortement conseillée, mais plusieurs compagnies la refusent encore s'il s'agit d'une location; mieux vaut donc choisir un assureur dont la proposition comporte cette option. Attention: l'équivalent de cette «valeur à neuf» est souvent proposé au locataire, sous forme d'un contrat appelé «garantie de remplacement», à un coût nettement plus élevé que celui de l'option équivalente que peut obtenir le locataire auprès des meilleurs assureurs; le consommateur serait bien avisé de refuser l'offre de cette «garantie de remplacement».

Il importe de ne pas confondre la «garantie de remplacement» avec les garanties supplémentaires prévues par la LPC qui couvrent la défectuosité ou le mauvais fonctionnement d'une automobile ou de l'une de ses pièces. L'utilité d'acheter des garanties supplémentaires ne diffère pas, qu'on soit locateur ou acheteur. Celles-ci sont inutiles si la période de location n'excède pas celle de la garantie de base du fabricant, à laquelle s'ajoute la durée de la garantie prolongée disponible auprès du même fabricant; en revanche, elles peuvent être intéressantes si le locataire envisage l'achat de l'auto à la fin de son bail.

Et la prime d'assurance?

Si le contrat d'assurance automobile de base est le même pour tous les assureurs, chacun établit par contre sa tarification, selon son expérience du marché et le risque que vous représentez. En général, quatre critères sont considérés pour établir la prime d'assurance, des critères qui servent à situer l'automobiliste dans une catégorie qui en regroupe des centaines, voire des milliers d'autres ayant un profil semblable. Fait à remarquer: plusieurs de ces critères

sont des variables «contrôlables» par l'assuré (par exemple, le véhicule choisi, le dossier de conduite, etc.).

• **Les caractéristiques du conducteur:** les statistiques démontrent que les jeunes sont plus souvent impliqués dans des accidents, qu'un kilométrage annuel plus élevé augmente les risques d'accident, etc. L'utilisation du véhicule, l'âge, l'état civil sont donc certains des facteurs qui font qu'un automobiliste fait partie d'un groupe qui représente plus ou moins de risques d'accident.

• **Le dossier de conduite:** les données accumulées au cours des années révèlent que, pour un conducteur, la fréquence des accidents subis augmente la probabilité d'autres accidents. Cette information sert à illustrer le comportement du conducteur lorsqu'il est au volant et, ainsi, à établir une prime plus équitable pour les assurés. Par conséquent, si vous n'avez pas occasionné d'accident au cours des dernières années, il est logique que votre assurance coûte moins cher que celle des automobilistes pour qui ce n'est pas le cas.

• **Le véhicule:** certains coûtent plus cher à réparer parce qu'ils sont moins résistants aux impacts ou parce que le prix des pièces est élevé. D'autres intéressent beaucoup les voleurs. Ces facteurs influent évidemment sur la prime d'assurance.

• **Le lieu où vous habitez:** vivre en région rurale vous expose nettement moins à certains risques que si vous habitez au centre-ville de Montréal! Les zones urbaines, où la circulation est plus dense et le risque de vol important, entraînent forcément une prime d'assurance plus élevée, puisque les risques le sont également.

En outre, certains assureurs accordent des rabais reliés à l'emploi, à l'installation d'un système antivol, à un dossier sans infraction au *Code de la sécurité routière*, etc. Encore là, le consommateur doit magasiner pour choisir l'assureur qui répondra le mieux à ses besoins.

Magasiner son assurance automobile

Un bon magasinage ne s'effectue qu'en connaissance de cause. Rien de mieux donc que de bien établir vos besoins et d'évaluer tous les aspects de l'offre que vous fait une compagnie d'assurance ou son représentant.

Votre assurance et les options qu'elle comporte doivent correspondre à votre situation. N'hésitez pas à poser toutes les questions nécessaires! Un million de dollars d'assurance de responsabilité civile vous convient-il? Une franchise plus élevée diminuerait-elle votre prime de façon significative?

Assurer votre auto pour ses propres dommages est-il nécessaire?

N'oubliez pas non plus de vérifier quels services offre votre assureur. Les modalités de paiement sont-elles assez flexibles? Quelles garanties sont assorties aux réparations faites par le garage que suggère l'assureur? Le service d'indemnisation est-il rapidement et facilement accessible en cas d'urgence?

En cas d'accident

• Un point essentiel: demeurez sur les lieux de l'accident et restez à l'abri. Rappelez-vous qu'un délit de fuite constitue une infraction grave au *Code criminel*.

• Des blessés? Appelez la police. S'il n'y a que des dégâts matériels, au Québec, remplissez le constat amiable, faites signer le ou les autres conducteurs et, surtout si vous êtes à l'étranger, notez les noms et adresses des témoins de l'accident. À l'étranger, il est recommandé dans tous les cas, même s'il n'y a aucun blessé, d'exiger un constat policier pour disposer éventuellement du rapport requis par l'assureur.

• Si votre auto est en état de rouler, quittez les lieux et communiquez avec votre assureur dès que possible.

• Si votre auto ne peut rouler, appelez le remorqueur de votre choix. Décidez du garage ou de l'endroit où on remorquera votre véhicule. L'assureur désignera un estimateur pour évaluer les dommages.

• Communiquez toujours avec votre assureur avant de faire effectuer les réparations. Faites-lui parvenir le constat amiable dans les cinq jours suivant l'accident ou, si l'accident est survenu hors du Québec, informez dès votre retour au Québec votre assureur du numéro du dossier obtenu de la police locale.

• Une fois l'auto réparée, vous pouvez faire vérifier le travail effectué. Si l'évaluation a été faite dans un centre d'estimation, vous avez le droit d'y retourner pour une inspection sans frais. Sinon et si vous avez des doutes sur la qualité du travail, vous pouvez faire appel à un garage indépendant.

• La pratique veut que l'assureur émette un chèque au nom du consommateur et du garagiste pour assumer le coût des réparations. Les assureurs agissent de cette façon pour éviter que les assurés utilisent l'argent à d'autres fins que les réparations. Cependant, vous pouvez exiger que le chèque soit émis à votre seul nom. Dans ce cas, l'assureur aura tendance à réduire le montant du chèque...

Le remorquage des voitures accidentées

Après un accident, peu de gens savent précisément quoi faire. Les automobilistes ont souvent tendance à se laisser prendre en charge.

Le scénario classique dans certaines grandes villes: un accident se produit, un remorqueur, à l'écoute des ondes radio de la police, arrive rapidement sur les lieux et propose d'amener le véhicule accidenté chez un garagiste de son choix. Parfois se présentent trois ou quatre remorqueurs sur les lieux de l'accident, qui s'arrachent littéralement l'automobile. Le remorqueur «gagnant» conduit ensuite celle-ci dans un garage où il touche sans doute une commission sur les réparations.

Ne cédez pas aux pressions du remorqueur. Réparations mal effectuées, frais d'entreposage du véhicule, travaux exécutés sans autorisation de l'assureur sont monnaie courante. Évitez ces risques: dans tous les cas, vous avez le droit d'exiger que votre auto soit remorquée là où vous le désirez. Le remorqueur ne vous écoute pas? Vous avez des recours, car le commerçant qui fait des réparations sans l'autorisation du consommateur et sans évaluation préalable le fait à ses risques et périls (l'article 172 de la LPC l'interdit de façon très claire).

N'oubliez pas cependant que, sur les voies rapides du Québec et sur certains grands ponts, le ministère des Transports accorde des contrats d'exclusivité de remorquage. Plusieurs municipalités québécoises appliquent également cette formule. Les tarifs sont alors réglementés. Mais partout ailleurs, l'automobiliste a le choix du remorqueur. Évidemment, si la voiture accidentée nuit à la circulation, les policiers peuvent toujours obliger le conducteur à utiliser le remorqueur sur place.

Quel garagiste?

Dans la mesure du possible, pour l'évaluation des dommages, les assureurs doivent diriger leurs clients vers un centre d'estimation agréé par le Groupement des assureurs automobiles.

Si votre voiture peut rouler après l'accident, prenez rendez-vous au centre d'estimation le plus près. L'estimateur évaluera les dommages matériels de l'auto et vous remettra deux copies de l'estimation, une pour vous et l'autre pour le garagiste. Dans le cas d'une auto trop cabossée, qui entre directement au garage, l'assureur dépêchera un estimateur pour évaluer les dommages.

Quant aux réparations, votre assureur pourra généralement vous suggérer un réparateur avec lequel il peut avoir négocié des ententes et des garanties de qualité. Toutefois, vous pouvez confier votre auto au réparateur de votre choix.

Des pièces neuves?

Tel que mentionné précédemment, si vous avez la protection «valeur à neuf» et que les pièces endommagées ne peuvent être réparées, l'assureur autorisera le remplacement par des pièces neuves d'origine.

Si vous n'avez pas l'avenant «valeur à neuf ou indemnisation sans dépréciation», l'assureur peut vous suggérer l'utilisation d'une pièce d'origine recyclée. Si aucune n'est disponible, le deuxième choix sera la pièce de fabrication indépendante, dite «pièce économique». S'il est impossible d'appliquer l'une ou l'autre de ces solutions ou que vous les refusez, le remplacement pourra se faire par une pièce neuve d'origine, mais il faudra vous attendre à débourser un montant correspondant à la dépréciation. Cette déduction tiendra notamment compte de l'âge, de l'usure (kilométrage) et de l'entretien du véhicule. Dans tous les cas, si vous vous inquiétez du respect de la garantie du fabricant, il demeure prudent de faire réparer votre véhicule chez votre concessionnaire.

Une perte totale?

Lorsque l'assureur déclare une automobile «perte totale», c'est à coup sûr une grande déception pour l'assuré. En règle générale, une voiture est déclarée perte totale lorsque le coût des réparations excède sa valeur marchande. Mais vous pouvez exiger la réparation du véhicule si le coût des réparations n'est que légèrement supérieur à la valeur.

En effet, la police d'assurance automobile prévoit qu'en cas de perte totale la garantie s'étend, au gré de l'assuré et moyennant la présentation de pièces justificatives, au coût raisonnable de la remise en état identique du véhicule. Ce qui voudrait dire, par exemple, qu'une voiture évaluée à 10 000 $ au jour du sinistre pourrait être réparée au coût de 10 500 $ parce qu'il s'agit d'un coût raisonnable. Par contre, un montant de 15 000 $ pour les réparations ne serait sans doute pas considéré comme raisonnable.

Attention: l'APA déconseille des réparations de cette ampleur, car il y aura des séquelles sur la structure de la voiture. Si cependant la valeur marchande du véhicule est peu élevée, 2 000 $ par exemple, il peut en valoir la peine d'investir un montant équivalent pour des réparations.

Le consommateur insatisfait de l'indemnité accordée pour les dommages matériels ou d'une déclaration de perte totale peut utiliser la clause d'arbitrage prévue dans sa police d'assurance. Mentionnons toutefois que les parties partagent les honoraires de l'arbitre et qu'elles doivent également payer ceux de leur expert respectif. Avant de recourir à cette procédure, il peut être moins coûteux d'essayer de trouver un terrain d'entente avec son assureur.

Accident responsable?

Comment déterminer son degré de responsabilité? C'est toujours la faute de l'autre! Pour mettre fin aux litiges qui ne trouvaient de solution que devant les tribunaux, le Groupement des assureurs automobiles du Québec a mis au point, il y a quelques années, une Convention d'indemnisation directe pour le règlement des sinistres automobiles qui établit la responsabilité des conducteurs selon un barème bien précis. On peut obtenir copie de cette convention en communiquant avec le Groupement des assureurs automobiles.

Par exemple, vous êtes généralement tenu responsable de l'accident si vous avez omis de respecter un arrêt obligatoire. Si vous êtes assuré pour les dommages à votre auto, vous recevrez alors une indemnité pour ceux-ci, mais vous devrez payer la franchise prévue à votre contrat. Vous n'êtes pas responsable? Vous n'aurez pas à payer la franchise. Enfin, si la responsabilité ne peut être attribuée entièrement à l'un ou à l'autre des conducteurs, chacun devra acquitter 50 % de sa franchise.

Notons enfin qu'il est possible de contester la responsabilité qui vous est attribuée en entreprenant une poursuite civile contre votre assureur. Si le montant que vous réclamez est inférieur à 3 000$, vous pouvez vous adresser à la cour des petites créances. Bien entendu, vous aurez plus de chances d'obtenir gain de cause si des témoins de l'accident peuvent confirmer votre non-responsabilité.

Une demande d'indemnité?

Si vous êtes blessé ou si quelqu'un perd la vie dans un accident, il faut demander à la SAAQ le formulaire «Demande d'indemnité» ou «Demande d'indemnité de décès» en téléphonant au:
1 888 810-2525.

CONTRIBUTION À L'ASSURANCE AUTOMOBILE

Nombre de points d'inaptitude inscrits au dossier	Contribution d'assurance (pour deux ans) taxes incluses
0, 1, 2, 3	50 $
4, 5, 6, 7	100 $
8, 9, 10, 11	174 $
12, 13, 14	286 $
15 et plus	**398 $**

LES INDEMNITÉS POUR LES DOMMAGES MATÉRIELS

Vous êtes:	assuré pour dommages aux autres seulement	assuré pour dommages aux autres et à votre véhicule
Responsable de l'accident	Aucune indemnité	Indemnité complète moins votre franchise
Non responsable de l'accident	Indemnité complète	Indemnité complète

LE FICHIER CENTRAL DES SINISTRES AUTOMOBILES

Quels sont les sinistres que vous avez subis au cours des six dernières années? Voilà l'une des premières questions qu'on vous pose quand vous faites une demande de soumission pour contracter une assurance automobile.

Le fichier central des sinistres automobiles est une banque de données informatiques sur les sinistres automobiles survenus au Québec depuis le 1er juillet 1990. Il permet aux assureurs de connaître l'expérience de conduite de leurs assurés et a pour but, à long terme, de faire bénéficier ceux-ci d'une tarification qui reflète précisément leur comportement sur la route. Les compagnies d'assurance ont l'obligation d'y enregistrer toutes les demandes d'indemnité de leurs clients.

Pas question donc d'«oublier» de déclarer certains sinistres lorsque vous demandez une soumission; votre assureur peut vérifier votre dossier dans le fichier central et est en droit de modifier votre prime ou même d'annuler le contrat.

Consultez votre dossier

Pour obtenir une copie de votre dossier de conduite, vous pouvez écrire à l'adresse suivante, en fournissant une photocopie de votre permis de conduire et d'une autre pièce d'identité:

Le Groupement des assureurs automobiles
500, rue Sherbrooke Ouest, bureau 600
Montréal (Québec) H3A 3B6
☎ (514) 288-1537

Le constat amiable

Le constat amiable est un document qui officialise l'accident et fournit les informations nécessaires aux assureurs pour qu'ils puissent procéder au règlement. Il n'établit pas la responsabilité des conducteurs impliqués, mais se limite aux informations essentielles. En collaboration avec le Groupement des assureurs automobiles, nous vous offrons un exemplaire d'un constat amiable que vous trouverez à l'intérieur de ce guide. Vous pouvez également vous en procurer d'autres exemplaires auprès de cet organisme (coordonnées ci-dessus) ou de votre assureur. Gardez-en toujours un exemplaire dans la boîte à gants de votre automobile.

Les réparations

9

Tout nouveau, tout beau! Mais tôt ou tard, votre automobile nécessitera des réparations. Une expérience banale, mais qui ne plaît à personne. D'abord parce que ça coûte cher, ensuite parce que les réparateurs parlent souvent un jargon incompréhensible pour les profanes en la matière.

Évaluation, facturation et garantie, voilà les trois mots clés à retenir à chacune de vos visites chez le garagiste. C'est en effet sur ces trois pivots que s'articulent les relations entre les consommateurs et les réparateurs d'automobiles. Et rappelez-vous qu'il n'est pas nécessaire d'être un spécialiste en mécanique automobile pour faire respecter ses droits.

La LPC comporte un certain nombre de dispositions en matière de réparation d'automobiles. Toutefois, selon l'article 73 du règlement de la LPC, les réparations dont le coût total, incluant pièces et main-d'œuvre, n'excède pas 50 $ ne sont pas assujetties à ces dispositions particulières. Est également exclue de ces dispositions l'installation de pneus ou d'une batterie, si l'achat et l'installation font l'objet d'une même facture. Il faut noter, toutefois, que ces cas d'exception demeurent assujettis aux autres dispositions générales de la LPC.

Dès votre arrivée chez le réparateur, vous devez pouvoir prendre connaissance du résumé des dispositions de la LPC concernant les réparations d'autos dont le coût est supérieur à 50 $, taxes, pièces et main-d'œuvre comprises. Une pancarte affichée dans un endroit bien en vue doit indiquer les principales obligations que la loi impose aux réparateurs:
• l'évaluation écrite obligatoire pour une réparation dont le coût total, incluant taxes, pièces et main-d'œuvre, est supérieur à 100 $;

- une facture détaillée des réparations;
- la remise des pièces remplacées si vous l'exigez au moment où vous demandez de faire la réparation;
- la garantie de 3 mois ou 5 000 km que la loi impose sur la réparation;
- le tarif horaire du réparateur.

L'évaluation

Toute réparation d'automobile de plus de 100 $ doit faire l'objet d'une évaluation écrite, sauf si vous y renoncez dans un écrit entièrement rédigé et signé de votre main ou si la réparation est effectuée sans frais. Le réparateur est également tenu de fournir une évaluation écrite lorsque la réparation est payée par votre assurance ou encore par l'assureur ou l'entreprise spécialisée qui vous a vendu une garantie supplémentaire, même si vous n'avez personnellement rien à débourser.

Cette évaluation doit indiquer la date et la durée de validité de l'évaluation, la nature des réparations à effectuer, le prix total (incluant les taxes) et indiquer chacune des pièces à poser, en précisant s'il s'agit d'une pièce neuve, usagée, réusinée ou remise à neuf. Elle devra aussi indiquer le nom et l'adresse du commerçant et du consommateur et une description sommaire de l'auto (la marque, le nom du modèle et le numéro d'immatriculation).

Plusieurs commerçants facturent des frais pour réaliser une évaluation. Pour exercer ce droit, un commerçant doit avoir convenu de ces frais avec le consommateur en lui faisant connaître au préalable le montant exact. De plus, lorsque des pièces doivent être remontées après une évaluation, le coût du remontage doit faire partie du coût de l'évaluation. Si un garagiste vous réclame après coup des frais d'évaluation, faites-lui valoir vos droits; si vous ne parvenez pas à une entente, vous pourrez réclamer le remboursement de la somme déboursée en lui expédiant une mise en demeure et en exerçant, s'il le faut, votre recours devant le tribunal compétent (la cour des petites créances, si la somme n'excède pas 3 000 $).

Renoncer à l'évaluation

Non seulement la LPC oblige-t-elle les réparateurs à fournir une évaluation écrite, mais elle prévoit également que le commerçant ne peut se libérer de cette obligation sans une renonciation écrite en entier de la main du consommateur et signée par ce dernier. Ainsi, les formules de renonciation imprimées sur les contrats, les factures ou les bons de réparation n'ont pas de valeur légale.

L'évaluation verbale, sur place ou par téléphone, ne libère pas le réparateur de son obligation de fournir une évaluation écrite.

Le respect de l'évaluation

Une fois acceptée par le consommateur, l'évaluation écrite lie les deux parties. Le consommateur sera tenu de payer le coût des réparations indiquées et le garagiste, d'effectuer celles-ci au coût mentionné. La loi prévoit d'ailleurs qu'aucuns frais supplémentaires ne peuvent être exigés du consommateur pour la réparation prévue dans l'évaluation.

Cependant, si, en cours de travail, un réparateur décèle un problème distinct de celui qui a fait l'objet d'une évaluation et qu'il estime qu'une autre réparation s'impose, il devra alors obtenir l'autorisation du consommateur pour effectuer cette réparation. Si l'autorisation est donnée verbalement, le réparateur devra la consigner par écrit dans l'évaluation écrite, comme l'exige la loi, en indiquant la date, l'heure, le nom de la personne qui l'a donnée et le numéro de téléphone qu'il a composé pour joindre cette personne.

La facturation

Une fois la réparation effectuée, exigez toujours la facture détaillée imposée par la loi, laquelle doit comprendre les indications suivantes:

a) votre nom et votre adresse et ceux du commerçant;

b) la marque, le modèle et le numéro d'immatriculation de l'automobile;

c) la date de la livraison de la voiture et le nombre de kilomètres ou de milles indiqués sur l'odomètre à cette date;

d) la réparation effectuée;

e) chaque pièce posée (en précisant s'il s'agit d'une pièce neuve, usagée, réusinée ou remise à neuf) et son prix;

f) le nombre d'heures de main-d'œuvre facturées, le tarif horaire et le coût total de la main-d'œuvre;

g) chacune des taxes fédérale et provinciale;

h) le montant total à débourser;

i) les caractéristiques de la garantie qu'impose la loi et, le cas échéant, de la garantie supérieure que peut accorder le réparateur.

Certains réparateurs ajoutent systématiquement au montant de la facture un pourcentage afin, disent-ils, de couvrir le coût de pièces de peu de valeur (vis, boulons, écrous, etc.) ou de produits non quantifiables (graisse, huile, etc.). Cette façon de facturer le matériel d'atelier est illégale et inacceptable selon l'OPC.

Un garagiste n'a le droit de facturer que le matériel d'atelier effectivement utilisé ou installé lors de la réparation. Ce matériel doit être facturé à la pièce avec un prix pour chaque élément installé, ou bien un coût évalué proportionnellement à la quantité utilisée pour du matériel difficilement quantifiable (par exemple, 2$ pour 1/3 du tube de colle plutôt que le prix de 6$ du tube de colle au complet). En outre, il est illégal d'y inclure des dépenses de buanderie ou d'équipement qui n'ont rien à voir avec du matériel d'atelier et qui sont déjà compris dans le tarif horaire imposé aux consommateurs pour une réparation.

Le travail à forfait

S'il y a une évaluation écrite et qu'on y retrouve une indication claire sur un seul prix fixe, il s'agit alors d'un forfait, puisque le garagiste détermine à l'avance un prix ferme total incluant les pièces et la main-d'œuvre, et ce quel que soit le nombre d'heures qui seront réellement nécessaires pour effectuer le travail. La réparation prend moins de temps que prévu? Il faut tout de même payer le prix forfaitaire indiqué dans l'évaluation, mais la facture devra indiquer le nombre d'heures facturées.

Sans indication de forfait mais avec une évaluation écrite, la loi prévoit que le travail est toujours effectué sur une base horaire. Dans ce cas, le réparateur ne peut facturer que les heures réellement travaillées. Les parties sont liées par l'éva-luation écrite: aucuns frais supplémentaires ne peuvent être exigés pour la réparation. Par contre, le prix de la facture pourrait être inférieur à celui qui est indiqué dans l'évaluation, si le réparateur a pris moins de temps ou moins de pièces que prévu par lui pour effectuer le travail. Vous serez alors facturé selon le taux horaire affiché par le commerçant, plus le coût des pièces réellement posées, et le nombre d'heures facturées doit correspondre au nombre d'heures réellement travaillées. Le montant de la facture ne doit jamais excéder celui qui est indiqué dans l'évaluation écrite.

Lorsque le consommateur a renoncé à l'évaluation, le travail doit être facturé selon un taux horaire, qui doit être affiché en évidence, et le nombre d'heures facturées doit correspondre au nombre d'heures réellement travaillées.

On veut retenir votre véhicule?

Si vous refusez de payer la réparation parce que vous êtes en désaccord avec le montant de la facture, le réparateur ne peut retenir la voiture:
• s'il a omis de vous fournir une évaluation écrite avant d'effectuer la réparation et, bien sûr, si vous n'aviez pas renoncé à cette évaluation par un écrit entièrement rédigé et signé de votre main;

• si le prix total de la réparation est supérieur à celui que vous aviez accepté dans l'évaluation écrite, à la condition que vous payiez le prix indiqué dans celle-ci;
• si le prix de la réparation est supérieur à celui convenu lors d'une modification à l'évaluation écrite que vous aviez autorisée, à la condition que vous payiez le prix total prévu par cette modification.

En pratique, il est possible que vous soyez forcé de payer le réparateur pour récupérer votre auto et qu'en ce cas vous réclamiez le remboursement de la différence par la suite. La LPC prévoit dans ce type de situation que le fait de payer ne signifie pas pour autant que vous acceptez les travaux tels quels ou le montant de la facture. En effet, selon l'article 178 de la LPC, «l'acceptation de l'évaluation ou le paiement du consommateur n'est pas préjudiciable à son recours contre le commerçant [...]». Il est alors prudent de montrer que vous contestez la facture en y inscrivant «sous réserve de mes droits» au moment où vous effectuerez le paiement.

La seule raison pour laquelle le réparateur a le droit de retenir une auto, c'est lorsque le consommateur refuse de payer le montant prévu à l'évaluation, s'il s'agit d'un montant considérable comme le cas d'un remplacement de moteur,

de transmission, etc. À moins que l'auto n'ait que peu de valeur, le *Code civil* prévoit que le réparateur ne peut retenir la voiture pour se faire payer de simples frais d'entretien ou une simple vidange d'huile.

La remise des pièces: y avez-vous droit?

Vous pouvez exiger, au moment où vous demandez d'effectuer une réparation, que vous soit remise lors de la livraison de votre véhicule toute pièce qui aura été remplacée, sauf:
• si la réparation a été faite sans frais pour vous;
• si la pièce a été échangée contre une pièce réusinée ou remise à neuf;
• si le réparateur doit remettre la pièce au fabricant parce qu'elle fait l'objet d'une garantie.

Dans les autres cas, il est prudent de demander qu'on vous remette les vieilles pièces. Celles-ci pourraient être utiles pour faire la preuve, par exemple, d'une réparation inadéquate ou d'un remplacement inutile. En effet, comme le garagiste doit vous les remettre, il sera moins porté à remplacer des pièces encore en bon état....

Des réparations garanties par la loi

L'article 176 de la LPC prévoit qu'une réparation d'automobile est garantie pour une période de 3 mois ou 5 000 kilomètres, selon le premier terme atteint. Cette garantie comprend les pièces et la main-d'œuvre et prend effet le jour où on vous remet votre véhicule. Il s'agit, bien sûr, d'une garantie minimale qui n'empêche en aucune façon le réparateur d'en offrir une plus longue. Notez que cette disposition ne s'applique pas aux réparations dont le coût total, taxes, pièces et main-d'œuvre comprises, est inférieur à 50$. En pratique toutefois, la plupart des réparateurs accordent cette garantie même sur les plus petits travaux.

Par ailleurs, si une réparation, couverte par une garantie supplémentaire, ne règle pas le problème affectant votre voiture, vous êtes en droit d'exiger qu'on reprenne la réparation sans avoir à payer une deuxième fois la franchise. En effet, le réparateur a une obligation de résultat. Par conséquent, l'assureur ou le commerçant spécialisé de garanties supplémentaires ne peut vous réclamer deux fois la franchise pour le même travail. Il en va de même pour une réparation couverte par une garantie du fabricant. Le concessionnaire ne pourrait vous facturer des frais sous prétexte qu'il a déjà effectué cette réparation sur votre voiture!

Par ailleurs, lorsque le réparateur doit reprendre une réparation couverte par la garantie, celle-ci sera prolongée d'une période équivalant à celle de la réparation. Si donc votre réparateur doit garder votre automobile pendant une semaine pour recommencer un travail encore couvert par la garantie, celle-ci se terminera une semaine plus tard que prévu.

La garantie sur les réparations d'automobiles porte sur le bien lui-même, sans considération de l'identité de son propriétaire. Par conséquent, si vous achetez une automobile qui vient d'être réparée, vous bénéficiez de la garantie jusqu'à la date d'expiration prévue, soit 3 mois ou 5 000 kilomètres.

Notons que les travaux effectués en sous-traitance n'enlèvent aucune responsabilité au réparateur et le consommateur ne perd donc aucun de ses recours.

Si le réparateur a effectué une réparation qui s'avère inutile et qui n'a pas réglé votre problème initial, vous pourrez lui réclamer le remboursement de cette réparation (voir la lettre suggérée à la page 127).

Trucs pour éviter les ennuis avec les réparateurs

• Choisissez un atelier de réparations qui vous est recommandé par des clients de longue date, par un réparateur local fiable, une association de consommateurs ou d'automobilistes ou un club automobile.

Lorsque vous avez trouvé un mécanicien compétent, faites toujours affaire avec lui, même pour des réparations simples.

• Demandez qu'on vous remette les pièces remplacées; en cas de doute, vous pourrez les faire inspecter par une personne fiable. Si vous voulez intenter des poursuites contre un réparateur qui aurait mal exécuté certaines réparations ou contre un fabricant relativement à des vices de fabrication, vous pourrez produire ces pièces à titre de preuve.

• Lorsque vous autorisez des réparations effectuées en vertu de la garantie, demandez au réparateur d'inscrire le mot «garantie» sur l'évaluation écrite et notez le nombre de jours pendant lesquels il a gardé l'automobile. Cette précaution est particulièrement importante pour les voitures achetées d'occasion.

• Si l'on vous dit qu'un problème persiste en raison d'une autre défectuosité, allez consulter un deuxième réparateur avant de faire effectuer toute réparation supplémentaire. Si celle-ci est nécessaire, conservez les pièces qui ont été remplacées.

L'expertise en mécanique automobile

Vous avez fait réparer votre voiture, mais le travail n'est pas satisfaisant? Les réparations effectuées ont occasionné d'autres problèmes? Vous voulez établir la responsabilité du réparateur ou faire respecter la garantie? Dans l'un ou l'autre des cas, une expertise pourrait bien se révéler fort utile.

Elle pourrait même devenir nécessaire lorsque vous ne parvenez pas à une entente avec un réparateur, un concessionnaire ou un commerçant de véhicules d'occasion et que, en dernier recours, vous êtes contraint de faire valoir vos droits devant le tribunal. L'expertise vous permettra d'abord de connaître avec certitude la nature et la cause de votre problème, et de démontrer ensuite dans quelle mesure on vous a porté préjudice. Le rapport de l'expert est souvent la meilleure preuve dont vous puissiez disposer pour régler un litige avec un commerçant ou entreprendre une poursuite judiciaire.

En matière de réparations d'automobiles couvertes par une garantie spécifique imposée par la loi, le consommateur doit recourir aux tribunaux dans un délai de trois mois à compter de la découverte de la défectuosité.

Dans le cas de la garantie contre les vices cachés prévue au *Code civil*, il faut aviser par écrit la partie adverse dans un délai raisonnable après la constatation du défaut et poursuivre à l'intérieur d'un délai de trois ans. En dépit de ce délai, il serait cependant préférable de poursuivre assez rapidement.

Le choix de l'expert

Un expert en mécanique automobile est tout simplement un mécanicien d'expérience. Il faut savoir que peu de mécaniciens acceptent de témoigner et que, bien souvent, la seule façon d'en dénicher un est de s'adresser à une association d'automobilistes. Ils mettent à votre disposition des experts qui ont l'habitude de témoigner en cour.

Un bon expert a déjà témoigné en cour. Il détient une carte de compétence délivrée par un comité paritaire de l'automobile (notez que ce type de comité n'est pas présent dans toutes les régions). Certains mécaniciens sont spécialisés, c'est-à-dire qu'ils ont acquis au fil des ans des compétences dans un domaine donné, comme celui des freins, de la suspension, de la transmission, des silencieux, du moteur, de la carrosserie, etc. Autant que possible, choisissez le spécialiste qui est le plus au fait du genre de problème auquel vous faites face.

Attention: pour avoir le mandat de faire les travaux, certains réparateurs vous promettent leur apport devant le tribunal. Puis, après avoir encaissé le montant des réparations, ils deviennent réticents... Assurez-vous donc de leur témoignage en exigeant, avant d'acquitter la facture, un rapport d'expertise par écrit et l'engagement de témoigner.

Collaborez avec l'expert. Montrez-lui toutes les factures de réparations et les pièces que vous possédez. Entendez-vous à l'avance avec lui sur son tarif horaire, car l'examen de la voiture, la rédaction du rapport, les déplacements et le témoignage en cour sont habituellement facturés selon le nombre d'heures de travail requis, sans compter les frais de déplacement (essence, stationnement et repas). Le taux horaire varie généralement de 40 à 60 $.

Avant de faire effectuer les réparations par le mécanicien expert, il est très important de mettre en demeure le premier réparateur qui a effectué la réparation insatisfaisante ou, selon le cas, le commerçant qui a vendu le véhicule, de corriger la situation. Sans cette mise en demeure préalable, il pourrait être difficile de recouvrer votre créance auprès du premier réparateur ou auprès du vendeur de la voiture, puisque vous ne lui aurez pas fourni l'occasion de régler le problème.

Le rapport d'expertise

Un rapport d'expertise est une opinion professionnelle donnée par un spécialiste. Dans le cas d'une réparation d'automobile, l'expert aura à comparer un travail antérieur avec celui qui aurait dû être fait ou qui est à faire; plus précisément, l'expert devra donner une opinion sur quatre points essentiels:

• Quelles sont les réparations qui ont été effectuées par le premier réparateur (à partir des factures et des pièces)?

• Est-ce que ces réparations ont été bien faites (opinion sur les réparations antérieures)?

• Qu'aurait dû faire un bon réparateur?

• À combien s'élèveront les frais d'une réparation adéquate?

Dans le cas d'une réclamation découlant d'un défaut dans la fabrication du produit, l'expert aura plutôt à démontrer que le véhicule vous a été livré avec un vice de fabrication ayant occasionné le problème en cause. Il devra alors donner son opinion sur les points suivants:

• Quelle devrait être la durabilité de cette pièce?

• Quelle est la cause du problème ou du bris prématuré (description et explication à partir des pièces et des factures)?

• En quoi cette cause relève-t-elle d'un vice relatif à la fabrication ou à la conception du produit? Pourquoi le défaut n'est-il apparu qu'après la période de garantie de base? On peut établir ici un lien avec un problème antérieur ou avec de précédentes tentatives infructueuses de réparations.

Notez que le fait que le mécanicien ait vu plusieurs défauts similaires sur d'autres voitures de la même marque n'est pas suffisant comme témoignage. Le juge exigera une preuve technique des circonstances de votre réclamation.

Vous trouverez aux pages 165 et 167 deux formulaires qui aideront l'expert que vous aurez choisi à bien décrire les problèmes affectant votre automobile. Le premier, «Formulaire de description de l'état de la carrosserie», préparé à l'aide d'un croquis, peut servir à bien identifier la rouille ou un accident antérieur sur un véhicule, les coûts de réparation, etc. Le deuxième, «Formulaire de description de bris mécanique», couvre la plupart des cas de bris mécanique. De plus, il peut servir à déterminer les coûts des réparations.

Vos recours une fois le rapport d'expertise en main

Si les conclusions auxquelles arrive l'expert vous donnent raison en démontrant que la réparation effectuée n'a pas eu une durabilité normale, soit parce qu'elle a été mal effectuée, soit parce que les pièces utilisées étaient défectueuses, vous serez mieux armé pour réclamer un dédommagement au réparateur, au vendeur ou au fabricant.

Impossible de vous entendre avec le commerçant? L'OPC ou une association de consommateurs pourra tenter d'intervenir auprès du commerçant afin de vous appuyer dans vos démarches. En cas d'échec, vous pourrez alors faire valoir vos droits devant un tribunal. Mais auparavant, il est recommandé de mettre le commerçant en demeure, une dernière fois, de corriger le problème. Vous pourriez vous inspirer de la lettre suggérée à la page 128 pour faire votre réclamation. Vous trouverez d'autres lettres de réclamation dans le guide et le cédérom *140 lettres pour tout régler* publiés dans la Collection Protégez-Vous.

LE GARAGISTE DE VOTRE CHOIX

En cas de réparations couvertes par votre police d'assurance, à la suite d'un accident par exemple, vous avez le droit de faire réparer votre véhicule par le réparateur de votre choix, y compris par le concessionnaire. Si votre véhicule est encore couvert par la garantie de base du fabricant, exigez que la réparation soit conforme aux exigences du constructeur concernant le respect de la garantie; cela peut vouloir dire, par exemple, que les pièces doivent être neuves et d'origine. Cette précaution peut s'avérer essentielle si vous devez, par la suite, faire honorer la garantie du fabricant.

Respect de la garantie d'une réparation d'auto

Ville, date

RECOMMANDÉ
SOUS TOUTES RÉSERVES

Nom et adresse du réparateur

Objet: Respect de la garantie

Madame, Monsieur,

Le (date), je vous ai laissé mon véhicule (description de la voiture, numéros de série et d'immatriculation) pour que vous effectuiez la réparation suivante: (décrire). La présente est pour vous informer que la réparation effectuée est inadéquate puisque le problème persiste (ou est réapparu).

Le (date), je vous ai demandé de réparer ma voiture à nouveau et sans frais, mais vous avez refusé.

En vertu de l'article 176 de la *Loi sur la protection du consommateur*, je vous mets donc en demeure d'effectuer la réparation (décrire la réparation) au plus tard le (date), à défaut de quoi je la ferai effectuer à vos frais et j'intenterai des poursuites judiciaires contre vous sans autre avis ni délai.

Veuillez donc agir en conséquence.

Signature
Nom
Adresse
Numéro de téléphone le jour

Les réparations

Bris résultant d'une réparation d'auto

Ville, date

RECOMMANDÉ
SOUS TOUTES RÉSERVES

Nom et adresse du réparateur

Objet: Réclamation pour bris résultant d'une réparation

Madame, Monsieur,

Le (date), vous avez effectué les réparations suivantes: (décrire) sur ma voiture (description, numéros de série et d'immatriculation). Or, le (date), le problème suivant est apparu: (décrire).

La consultation d'un expert (nom de l'expert) me confirme que ce problème est imputable aux réparations que vous avez effectuées et qui n'ont pas été faites dans les règles de l'art. Je vous ai signalé ce problème (décrire les démarches effectuées), mais sans obtenir de réponse satisfaisante.

Je vous mets donc, par la présente, en demeure de réparer mon véhicule sans frais, au plus tard le (date), à défaut de quoi je ferai effectuer les réparations à vos frais et j'intenterai des poursuites judiciaires contre vous sans autre avis ni délai.

Veuillez donc agir en conséquence.

Signature
Nom
Adresse
Numéro de téléphone le jour

Une automobile sécuritaire

10

L a protection offerte aux automobilistes s'accroît. Pensons, entre autres, à la généralisation des feux de jour et du coussin gonflable. Toutefois, il est indéniable que l'automobile réclame trop de vies et cause trop de blessures graves. Les collisions sur la route demeurent la principale cause de décès chez les jeunes, avant toutes les maladies.

La taille et la catégorie

Selon des données américaines, les gros véhicules utilitaires, les voitures de grande taille et les minifourgonnettes comptent le plus faible taux d'accidents mortels. Il est établi depuis longtemps que la grosseur de l'automobile joue un rôle important. Le poids, l'empattement et la longueur influent sur le niveau de protection. D'ailleurs, selon les études américaines, une minivoiture et une petite voiture connaissent presque le double de la fréquence de décès d'un gros modèle.

Évidemment, l'acheteur a d'autres critères à considérer, comme le coût d'achat et la consommation d'essence. L'essentiel est de trouver un équilibre entre la qualité de la protection à l'impact et les autres critères. Actuellement, d'après les assureurs américains, vous êtes mieux protégé dans un modèle dont les dimensions sont égales ou supérieures à celles d'une Chevrolet Cavalier ou d'une Chrysler Neon; celles-ci affichent un taux de mortalité de 1,5 fois celui des grandes voitures. Le risque est encore plus réduit lorsqu'on atteint les dimensions des voitures intermédiaires; le taux de mortalité lié aux autos de la catégorie de la Ford Taurus est environ 1,2 fois celui des voitures de grande taille.

Le coussin gonflable

Les coussins gonflables sont conçus pour protéger les automobilistes des blessures à la tête et à la partie supérieure du corps lors d'une collision. En se déployant, ils empêchent la tête du conducteur de heurter le volant et celle du passager avant de percuter le tableau de bord. Comment fonctionnent-ils? Ils sont reliés à des détecteurs destinés à percevoir une soudaine décélération. Lorsque c'est le cas, les détecteurs envoient un signal électrique qui enflamme un agent propulsif chimique. Celui-ci produit alors de l'azote gazeux qui gonfle le coussin. Ce processus se déroule plus vite qu'un clignement des yeux!

Les coussins gonflables sauvent chaque année bon nombre de vies. De la fin des années 1980 jusqu'au début de 1999, Transports Canada estimait que 150 vies avaient été sauvées au Canada grâce aux coussins gonflables. Et aux États-Unis, c'est plus de 3 600 personnes qui ont eu la vie sauve pendant la même période.

Toutefois, ces dispositifs n'assurent pas de protection dans tous les genres de collision. En fait, ils se déploient uniquement lors de collisions frontales, et non lors de collisions arrière, de collisions latérales ou de capotages. Cependant, plusieurs constructeurs commencent à équiper certains de leurs véhicules de coussins gonflables latéraux. Il arrive qu'ils se gonflent lors d'une col-

lision à faible vitesse, parfois aussi peu élevée que 15 kilomètres à l'heure. Mais leur efficacité est maximale lors de collisions à vitesse élevée, alors qu'ils sont souvent nécessaires pour prévenir les blessures sérieuses. Lors d'impacts à vitesse réduite ou modérée, la ceinture de sécurité est habituellement suffisante pour prévenir les blessures graves.

Parce que les coussins gonflables se déploient très rapidement et avec une force extrême, ils causent parfois des blessures. La plupart d'entre elles (plus de 90 %) sont mineures et consistent en des contusions et des écorchures. D'autres sont plus sérieuses, telles des bras cassés. Malheureusement, certaines blessures sont très graves et, dans de rares cas, mortelles. Au Canada, cinq décès ont été officiellement attribués aux coussins gonflables de 1993 à 1998 inclusivement. Aux États-Unis, le nombre de décès est estimé à 122. Il s'agit toutefois d'un risque très faible. La plupart des personnes décédées de la sorte ne portaient pas leur ceinture de sécurité, ou étaient attachées avec un dispositif de retenue inapproprié, ou encore étaient trop près du coussin gonflable lorsque celui-ci s'est gonflé. Les jeunes enfants sont aussi très vulnérables en raison de leur petite taille. Pour minimiser le risque de blessures graves, il faut prendre quelques précautions de base:

• Les enfants de moins de 12 ans devraient toujours être assis sur la banquette arrière et bien installés dans un dispositif de retenue approprié à leur taille et à leur poids. Il est très important d'empêcher les enfants de s'asseoir ou de se tenir debout près du tableau de bord. De plus, ne jamais installer un dispositif de retenue d'enfant orienté vers l'arrière sur un siège ou une banquette doté d'un coussin gonflable, car, si ce dernier se déploie, le siège d'enfant — et l'enfant — seront projetés dans le dossier du siège ou de la banquette.

• Les conducteurs et les passagers doivent toujours porter leur ceinture de sécurité. La ceinture sous-abdominale doit être placée aussi bas que possible sur les hanches, non sur l'abdomen. Le baudrier doit passer sur la poitrine et par-dessus l'épaule. Il faut veiller à ce que la ceinture n'ait aucun jeu.

• Les sièges ou la banquette avant du véhicule doivent être reculés le plus possible, de façon à laisser aux coussins autant d'espace que possible pour se gonfler. Une distance d'au moins 25 centimètres (10 po) entre le coussin et la poitrine du conducteur ou du passager est recommandée.

Depuis janvier 1998, les États-Unis autorisent la pose d'interrupteurs marche-arrêt pour les coussins gonflables uniquement dans les rares cas où le risque de blessures dépasse la sécurité qu'assurent ces derniers. Avant que de tels interrupteurs ne puissent être installés, les automobilistes doivent obtenir une autorisation de la National Highway Traffic Safety Administration et remplir l'un des quatre critères suivants: ils ne peuvent assurer un espace de dégagement d'au moins 25 cm (10 po) entre leur poitrine et le volant; ils ont certains problèmes médicaux qui occasionnent un risque accru de blessures lors du déploiement d'un coussin gonflable; ils doivent installer sur le siège avant un dispositif de retenue d'enfant orienté vers l'arrière parce que leur véhicule n'a pas de banquette arrière ou que celle-ci est trop étroite; ils doivent transporter sur le siège avant des enfants âgés entre 1 et 12 ans parce que leur véhicule n'a pas de banquette arrière, parce qu'ils doivent transporter plusieurs enfants ou surveiller constamment l'état de santé d'un enfant.

Au Canada, Transports Canada et les constructeurs de véhicules ont conclu un accord permettant à certaines personnes de faire installer des interrupteurs de coussins gonflables dans leur véhicule. Pour s'en prévaloir, il faut remplir un formulaire certifiant qu'on répond à au moins un des critères précédemment énumérés. Au Québec, le formulaire est distribué à la Société de l'assurance automobile du Québec. Dans les autres provinces, on s'adresse à Transports Canada. Il faut par la suite dénicher un concessionnaire qui accepte d'installer un interrupteur.

Qu'en est-il des coussins gonflables de l'avenir? Pour diminuer les blessures causées par les coussins gonflables, les constructeurs de véhicules automobiles travaillent à la mise au point de coussins intelligents. Déjà, certains coussins possèdent deux seuils d'activation: l'un s'applique lorsque la personne porte sa ceinture et l'autre, plus bas, s'applique lorsque la personne ne porte pas sa ceinture. La prochaine génération de coussins gonflables sera probablement dotée de détecteurs de proximité qui évalueront à quelle distance un occupant se trouve du coussin. De plus, les prochains coussins seront munis de systèmes d'alarme qui indiqueront si un occupant est trop près du coussin, par exemple si un conducteur s'est endormi et s'est affaissé sur le volant.

La ceinture de sécurité

Au Canada, environ 95 % des conducteurs et des passagers bouclent leur ceinture de sécurité. Avec raison: les ceintures de sécurité protègent le corps tout entier et sont efficaces dans tous les genres de collision. La ceinture classique à trois points d'ancrage est le dispositif de protection par excellence. Lorsqu'elle est bouclée, elle réduit la mortalité de 40 à 50 %. L'important, c'est de l'attacher!

Ajustez-la convenablement. Placez la ceinture sous-abdominale aussi bas que possible sur les hanches, non sur l'abdomen. Assurez-vous que le baudrier passe sur la poitrine et par-dessus l'épaule. Veillez à ce que la ceinture n'ait aucun jeu.

Par ailleurs, les femmes enceintes devraient toujours porter la ceinture sous-abdominale et le baudrier lorsqu'elles voyagent en automobile. La ceinture doit être portée vers le bas sur les os du bassin plutôt que sur l'abdomen et serrée le plus possible sans toutefois gêner l'occupante.

Lorsque vous magasinez une auto, essayez les ceintures. Si vous êtes plus petit que la moyenne, assurez-vous que le baudrier ne frotte pas dans votre cou. Un point d'ancrage à hauteur réglable s'avérera probablement avantageux. Si vous avez une taille plus forte que la moyenne, apportez un manteau avec vous pour être sûr d'être attaché convenablement en hiver.

Certains modèles, plus anciens, sont munis de ceintures avant dont le baudrier est ancré à la portière. Ce design est moins confortable que celui où l'ancrage est fait au montant du toit, et il est moins sécuritaire. La portière, en effet, est loin d'être l'endroit le plus solide. Il arrive qu'elle se déforme sous l'effet de l'impact, permettant un jeu supplémentaire de la ceinture et le déplacement du conducteur vers le volant et le pare-brise. Ces quelques centimètres peuvent faire toute la différence entre des blessures mineures et des blessures graves.

Vous accueillez souvent des passagers à l'arrière? Essayez les ceintures. Vérifiez que la ceinture abdominale repose sur les hanches et non sur le ventre, car dans ce dernier cas, elle peut occasionner des blessures s'il y a collision.

Les freins antiblocage

De plus en plus de véhicules sont dotés de freins antiblocage, un système qui empêche les roues de bloquer en cas de freinage brusque. Double avantage: les risques de dérapage et de tête à queue diminuent et le conducteur garde une meilleure maîtrise de la direction, il peut donc éviter un obstacle tout en freinant. En fait, lorsqu'on appuie sur la pédale de frein d'une auto ainsi équipée, un microprocesseur reçoit l'information de sondes instal-

lées sur chaque roue. Si un pneu commence à perdre de l'adhérence, le microprocesseur émet un signal pour doser le frein concerné. Le système permet le dosage d'une ou de plusieurs roues à la fois par opposition au dosage traditionnel, qui réduit la force de freinage aux quatre roues en même temps. Le dosage est plus rapide et beaucoup plus précis qu'au cours d'un arrêt d'urgence traditionnel. De plus, l'auto ne risque pas de quitter sa trajectoire à cause du blocage d'une roue. On formule l'hypothèse que les impacts devraient alors être plus souvent frontaux. C'est tant mieux, car c'est le devant du véhicule qui offre la meilleure protection.

Il est certain que le système antiblocage représente un avantage considérable sur chaussée mouillée et lors d'arrêts d'urgence. Mais l'hiver canadien nous réserve des surprises! En effet, dans certaines conditions de neige profonde ou sur la glace, le conducteur peut juger le freinage insuffisant. Le système antiblocage risque de tellement doser les freins que l'auto ralentit très lentement!

Ceci s'explique en partie par le fait que des pneus d'été larges ou quatre saisons usés ont une si faible adhérence en hiver que le système antiblocage est appelé à doser très souvent le freinage. Si votre auto est munie d'un tel système, il est recommandé d'installer quatre pneus d'hiver. Une autre précaution: conduisez avec modération! Notez aussi que les systèmes antiblocage de certaines marques de voiture nécessitent des réparations coûteuses après deux ou trois ans.

Voici quelques conseils de Transports Canada:

• Ne pompez pas les freins: il ne faut surtout pas relâcher la pédale, même si vous entendez des grincements ou sentez des vibrations; certains systèmes produisent plus de bruits ou de vibrations que d'autres.

• Prévoyez une distance d'arrêt plus grande sur les routes recouvertes de neige, de neige fondante ou de gravier. L'installation de quatre pneus d'hiver est conseillée durant la saison froide.

• Restez prudent au volant: contrairement à ce qu'on pourrait croire, les freins antiblocage réduisent peu la distance de freinage sur surface sèche ou mouillée et n'empêchent pas les accidents dus à une conduite imprudente.

• Si votre indicateur de freins antiblocage reste allumé, c'est que le système ne fonctionne pas. Toutefois, le circuit de freinage ordinaire fonctionne normalement.

• Si votre indicateur de freins antiblocage et votre indicateur de circuit de freinage restent allumés, ne conduisez pas votre véhicule: faites-le remorquer chez un réparateur d'autos.

Enfant à bord

Les sièges d'auto constituent la seule façon de bien protéger vos enfants des dangers d'un arrêt brusque ou d'une collision. Et la loi vous oblige à attacher les enfants de moins de cinq ans dans un siège d'auto. Tous les sièges pour enfants vendus au Canada doivent être conformes aux Normes de sécurité des véhicules automobiles du Canada (NSVAC) édictées par Transports Canada. Les sièges réglementaires limitent le mouvement de l'enfant en cas de collision ou d'arrêt brusque et respectent des lignes directrices en matière de résistance et d'inflammabilité des matériaux, d'épaisseur du rembourrage, d'instructions d'installation et d'étiquetage.

Toutes les voitures de promenade neuves vendues au Canada doivent être munies d'autant de points d'ancrage qu'il y a de places sur la banquette arrière. De plus, les fabricants doivent fournir gratuitement les boulons d'ancrage. Certains concessionnaires refusent toutefois de les installer. Par mesure de prudence, faites-le spécifier au contrat d'achat si, bien sûr, vous prévoyez l'utilisation d'un siège d'enfant.

Portez une attention particulière aux règles de base pour assurer une sécurité maximale aux enfants lorsqu'ils sont en voiture:

• Les enfants de moins de 12 ans doivent être assis à l'arrière du véhicule. À cet effet, des études américaines concluent que les enfants assis à l'arrière courent 27 % moins de risques de mourir dans une collision que ceux assis à l'avant.

• Assurez-vous que le porte-bébé, le dispositif de retenue d'enfant ou le siège d'appoint soit adapté à la taille et au poids de l'enfant.

• Veillez toujours à ce que le dispositif de retenue soit bien maintenu en place par la ceinture de sécurité du véhicule.

• Placez l'enfant correctement dans le dispositif de retenue.

• N'installez jamais un dispositif de retenue orienté vers l'arrière sur un siège ou une banquette doté d'un coussin gonflable.

• Ne placez jamais le baudrier d'une ceinture de sécurité derrière le dos de l'enfant ou sous son bras.

Voici les différents types de sièges sur le marché:

• **Le siège pour nouveau-né (moins de 9 kg/20 lb).** Jusqu'à 9 mois environ, le nourrisson ne possède pas une ossature assez solide pour supporter la pression du harnais d'épaules en cas de collision frontale, ni des muscles du cou assez forts pour retenir le poids de sa tête. Le siège pour nouveau-né moule bien le corps de l'enfant, le tient confortablement dans une position à demi-couchée tout en lui supportant le bas du dos. Il doit être installé dans le sens contraire de la circulation: ainsi, en cas d'impact, le cou et la cage thoracique de bébé supporteront mieux le choc. Lorsque vous le fixez à l'aide d'une ceinture de sécurité avec baudrier, celui-ci passe en arrière du siège. Pour que l'enfant soit à l'aise et bien protégé, laissez un jeu de deux doigts entre le harnais et le corps. L'attache qui relie les deux courroies du harnais doit être vis-à-vis du dessous du bras afin que le bébé ne soit pas éjecté de son siège en cas d'impact. Installez le siège de préférence sur la banquette arrière du véhicule.

Le siège pour nouveau-né doit être conforme à la norme NSVAC 213.1 édictée par Transports Canada. Il convient aux enfants de la naissance à 9 kg (20 lb).

• **Le siège pour enfant (de 9 à 22 kg/de 20 à 48 lb).** Pour un enfant qui se tient assis sans s'affaisser durant une longue période ou qui peut se lever seul. À ce stade, le bébé fait face à l'avant. Ces sièges doivent être ancrés à la partie métallique de la structure du véhicule à l'aide d'une courroie prévue à cet effet. Malheureusement, la courroie d'ancrage est souvent mal utilisée, sinon pas du tout. Dans ces cas, le siège peut basculer, entraînant l'enfant avec lui... On trouve trois systèmes de retenue: un T, une barre qu'on rabat et, ce qui est moins répandu, un harnais à cinq points d'attache. Contrairement à la croyance, les sièges avec une barre ne sont pas plus sécuritaires que les autres.

Par ailleurs, tous les fabricants présentent leurs sièges pour enfants comme convenant aussi aux nouveau-nés, d'où l'appellation «siège transformable». Ils seraient donc utilisables de la naissance (certains précisent un minimum de 2,2 kg/5 lb) jusqu'à un poids de 22 kg (48 lb). Lorsqu'on veut y installer un nouveau-né, on doit tourner le siège vers l'arrière du véhicule et l'incliner. Avec un enfant de plus de 9 kg/20 lb, le siège doit faire face à l'avant. En fait, ces sièges ne sont pas du tout adaptés aux nouveau-nés pour des raisons d'utilisation, mais surtout de sécurité. En effet, le système de retenue ne convient pas à leurs dimensions. Et quand vient le temps de l'ajuster, l'orientation du siège vers l'arrière ne permet pas de tirer sur la sangle!

Le siège pour enfant doit être conforme à la norme NSVAC 213.

• **Le siège d'appoint.** Il est prévu pour les enfants qui sont devenus trop grands ou trop lourds pour le siège pour enfant, mais qui sont encore trop petits pour porter la ceinture de sécurité seule. Il est conçu pour aider à bien placer le baudrier sur l'épaule de l'enfant et non pas près de son visage ou de son cou. Il positionne aussi la ceinture abdominale sur les hanches de l'enfant et non pas sur son ventre. On trouve trois types de sièges d'appoint: avec barre, sans barre et à haut dossier. Si vous choisissez un modèle avec barre, assurez-vous que l'espace à l'abdomen est suffisant.

Il faut toujours attacher le siège d'appoint avec la ceinture de sécurité du véhicule, même lorsqu'il n'est pas utilisé par l'enfant, car, en cas d'impact, il devient un projectile dangereux pour les autres passagers.

Le siège d'appoint doit être conforme à la norme NSVAC 213.2.

Comme les grands

À partir de 27 kg/60 lb ou lorsque le milieu de son oreille dépasse le haut du dossier de la banquette, l'enfant doit utiliser la ceinture seulement. À cet effet, il existe un accessoire, constitué d'une bande de plastique ou de tissu, qui s'enfile sur la ceinture de sécurité et modifie la position du baudrier de façon à l'écarter du cou de l'enfant. Mais attention: comme cet accessoire ne fait l'objet d'aucune réglementation, il n'est pas possible de se prononcer sur son efficacité et sa sécurité en cas d'accident. Si la ceinture à baudrier passe sur le cou de l'enfant, il est préférable de faire asseoir l'enfant au milieu de la banquette arrière et d'utiliser ainsi uniquement une ceinture abdominale.

Siège à louer

Que les circonstances nécessitent l'utilisation d'un siège d'auto pendant un mois ou un an, il est possible d'en louer un et, ainsi, de protéger bébé tout en économisant. Certains CLSC et différents organismes, comme des garderies ou des groupes de femmes, offrent ce service. Téléphonez au CAA-Québec pour obtenir les coordonnées des organismes de votre région qui proposent la location.

Si vous devez louer une voiture pour une courte période, pour un voyage par exemple, la plupart des grandes compagnies de location offrent également la possibilité de louer un siège d'enfant pour quelques dollars par jour. Demandez-le au moment de la réservation de l'automobile.

Échec aux voleurs

Une automobile est rapportée volée au Québec chaque 11 minutes ou presque. Le vol d'automobiles coûte cher aux assureurs et aux assurés. Pourtant, les automobilistes sont parfois les artisans de leur propre malheur. En effet, un vol sur cinq résulte de la négligence du propriétaire: clés oubliées dans le contact, portes non fermées à clé, glaces baissées, etc.

Un bon système antivol doit comporter:
• le marquage du numéro de série du véhicule sur les vitres et d'autres pièces du véhicule. Vous pouvez obtenir gratuitement le marquage des vitres lors des opérations Autographe menées par le Bureau d'assurance du Canada ou les corps policiers, ou encore par l'entremise d'une association automobile;

OÙ S'ADRESSER?

L'Association canadienne des automobilistes (CAA) est mandatée par Transports Canada pour informer le public au sujet des sièges d'auto pour enfants. À ce titre, vous pouvez appeler la CAA pour obtenir des renseignements sur ces produits, et ce même si vous n'êtes pas membre. Par ailleurs, si vous envisagez d'utiliser un siège d'occasion, l'organisme peut vous préciser s'il est assujetti à un rappel et s'il répond aux normes.

Région de Montréal	☎ (514) 861-7111
Région de Québec	☎ (418) 624-2424
Ailleurs au Québec	☎ 1 800 686-9243

• un mécanisme antidémarrage;
• la mise en fonction automatique du système antidémarrage;
• une diode électroluminescente (DEL) pour signaler une protection contre le vol;
• un «valet de service» qui neutralise le système antivol au besoin, lorsque l'automobile est laissée chez le réparateur par exemple;
• une résistance aux balayeurs d'ondes (les systèmes mécaniques électriques sont les meilleurs à cet égard);
• aucun objet externe nécessaire au fonctionnement du système, comme un aimant ou un porte-clés amorceur/désamorceur (il est préférable d'opter pour un système avec lequel il suffit d'appuyer sur une plaquette dissimulée dans l'auto ou muni d'un interrupteur);
• un autocollant indiquant que le véhicule est muni d'une protection contre le vol, sans en mentionner le modèle afin de ne pas faciliter la tâche des voleurs;
• si votre véhicule est muni de roues en alliage, nous recommandons l'installation de boulons de sûreté. Le burinage des roues en alliage pourrait en endommager le film protecteur.

Notez que les membres de l'APA bénéficient d'un rabais à l'achat d'un antidémarreur. De plus, la plupart des assureurs accordent aussi des rabais sur la prime d'assurance lorsque vous vous dotez d'un système antivol.

Forces et faiblesses des systèmes

• **Les systèmes antidémarrage mécaniques électriques.** Pour faire démarrer le véhicule, il faut appuyer sur une plaquette, cachée à un endroit connu uniquement du propriétaire du véhicule. Certains systèmes fonctionnent aussi à l'aide d'aimants. Actuellement, ces dispositifs, qui empêchent le démarrage de l'auto, sont les plus recommandés. Ils sont peu coûteux et ils offrent une bonne protection contre le vol. Certains malfaiteurs expérimentés, toutefois, réussissent à dénicher la touche désactivante, car le nombre d'endroits où l'on peut dissimuler celle-ci reste limité. De plus, certains de ces systèmes antivol doivent être neutralisés lorsqu'il fait très froid, car ils risquent alors de ne pas bien fonctionner. La plupart des systèmes mécaniques électriques s'enclenchent automatiquement; vous ne pouvez donc pas oublier de les mettre en fonction.
• **Les systèmes mécaniques manuels.** Au contraire des antivols précédents, les systèmes mécaniques manuels (barre fixée au volant, à la pédale de freins ou au levier de vitesses) doivent être installés chaque fois qu'on gare le véhicule; de plus, ils sont faciles à déjouer. En effet, dans le cas de la barre fixée au volant, les voleurs n'y vont pas par qua-

tre chemins: ils coupent ou scient la partie protégée du volant. Durée approximative de l'opération: 30 secondes. Est également offert un système mécanique destiné aux voitures munies d'une boîte manuelle et d'un levier de frein d'urgence central. Notez que de tels dispositifs, qui retardent les voleurs, peuvent parfois jouer un rôle dissuasif, mais ils ne remplacent pas un bon système antidémarrage.

• **Les systèmes électroniques.** Dans la gamme des antivols plus coûteux se trouvent les systèmes électroniques, c'est-à-dire les dispositifs munis d'une alarme sonore et qui font clignoter les phares. Inconvénient: les fausses alertes assez fréquentes! De plus, le mauvais fonctionnement de certains d'entre eux, comme l'enclenchement difficile sans raison apparente ou le fait qu'on puisse parfois les neutraliser avec un balayeur d'ondes, en restreint l'efficacité.

Selon la CAA, les systèmes les plus chers comportent plusieurs caractéristiques en un seul appareil: antidémarreur, coupe-moteur lorsque le véhicule est en marche et qu'on tente de le voler, alarme pirate (un voleur vous somme de sortir de votre voiture, il s'en empare et fuit, mais le moteur s'arrête au bout de quelques centaines de mètres), démarreur à distance, télécommande

d'ouverture des portes et du coffre, témoin lumineux, démarrage automatique par temps froid, fonction panique/recherche de véhicule…

Des moyens peu coûteux

La vigilance demeure souvent la meilleure protection. Il suffit d'adopter quelques bonnes habitudes pour décourager bien des voleurs.

• Ne laissez jamais votre véhicule sans surveillance lorsque la clé est dans le contact; mieux encore, ne sortez pas de votre véhicule avant d'en avoir retiré les clés.

• Verrouillez toujours les portières et fermez les glaces du véhicule lorsqu'il est stationné.

• Ne laissez pas d'objets de valeur à la vue des passants.

• Évitez de garer votre véhicule dans un endroit sombre.

• Ne conservez pas inutilement le certificat d'immatriculation temporaire (transit) sur votre véhicule; votre adresse de domicile y est inscrite.

• Conservez sur vous et non dans la boîte à gants le certificat d'assurance, le certificat d'immatriculation et votre permis de conduire.

Que faire en cas de vol?

Si, malgré toutes ces précautions, votre voiture disparaît, rapportez le vol à la police. Téléphonez ensuite à votre assureur en ayant en main vos certificats d'assurance et d'immatriculation.

L'indemnité que vous recevrez pour le vol de votre automobile est basée sur sa valeur marchande ou, si vous détenez cette protection additionnelle, sur sa valeur à neuf.

Si des effets personnels se trouvaient dans votre voiture au moment du vol, par exemple des vêtements, un porte-documents ou un sac de golf, c'est votre assurance habitation qui vous indemnisera. Il est à noter que lorsqu'un même événement implique à la fois l'assurance automobile et l'assurance habitation, vous devez normalement assumer une franchise sur chacune des polices. Par contre, si vous avez souscrit les deux polices chez le même assureur, il est possible que celui-ci vous ait offert (lors de l'achat de vos polices) l'avantage de n'appliquer qu'une seule franchise dans une telle situation.

Flash-conseils

• Un enfant debout à l'arrière de l'auto, un bambin assis dans un siège d'auto non ancré, un jeune dont le harnais glisse sur les épaules: voilà des situations trop courantes, mais qui sont en voie de diminution. C'est ce que révèle une enquête réalisée par la Société de l'assurance automobile du Québec.

Mais diminution ne signifie pas disparition. De fait, en 1995, au Québec, même si 95 % des parents utilisaient un dispositif de sécurité pour protéger leur enfant, seulement 42 % employaient le bon type et s'en servaient correctement. Même pas une personne sur deux! Ces chiffres éloquents plaident pour mettre en œuvre tous les moyens pour protéger les petits voyageurs.

• Si vous envisagez d'acheter ou d'utiliser un siège d'occasion, renseignez-vous avant afin de savoir s'il a fait l'objet d'un avis public ou s'il est devenu désuet. Notez le numéro de modèle, la date de fabrication et communiquez avec la CAA aux numéros qui apparaissent à la page 137.

Faire reconnaître vos droits

ous avez acheté ou loué un véhicule, ou payé des réparations, mais pour une raison ou pour une autre, vous en êtes insatisfait. En consommateur avisé, vous avez d'abord tenté de vous entendre à l'amiable avec le commerçant en lui téléphonant ou en vous rendant à son établissement pour lui exposer le problème et lui faire une réclamation. Malgré vos tentatives de règlement, ce commerçant a refusé d'honorer ses engagements ou de respecter les dispositions de la loi. À la lumière des renseignements contenus dans les chapitres précédents, vous avez donc mis le commerçant formellement en demeure de s'exécuter, mais toujours sans succès.

Heureusement, le scénario des litiges qui opposent les commerçants et les consommateurs ne se termine pas toujours de cette façon. Généra-lement, la négociation ou la mise en demeure débouche sur une entente satisfaisante. Lorsque ce n'est pas le cas, l'étape suivante pourrait être le recours judiciaire, comme le mentionnent la plupart des exemples de mise en demeure que nous vous avons suggérés. Cependant, dans plusieurs cas, vous pourriez, au lieu de vous adresser au tribunal, utiliser d'autres mécanismes, comme la conciliation, la médiation ou l'arbitrage, pour faire valoir vos droits ou obtenir un règlement satisfaisant.

La conciliation et la médiation

De fait, plusieurs regroupements ou associations de commerçants offrent des services de conciliation ou de médiation entre les consommateurs et les commerçants membres. Bien que, généralement, ces services soient réservés aux commerçants membres de l'association, certains regroupements acceptent également de traiter les plaintes contre un commerçant non membre, mais qui exerce ses activités dans leur domaine. Les associations d'automobilistes offrent aussi des services semblables à leurs membres.

La conciliation et la médiation sont des processus par lesquels un tiers tente de rapprocher les parties en rétablissant la communication. Ces approches ont pour but d'en arriver à un règlement négocié et satisfaisant pour les deux parties. Évidemment, le succès d'une médiation ou d'une conciliation repose sur la bonne volonté et la bonne foi du commerçant et du consommateur, qui doivent tous deux faire preuve d'ouverture d'esprit et accepter certains compromis nécessaires pour en arriver à une entente.

L'arbitrage

L'arbitrage est un processus un peu plus formel que la conciliation ou la médiation. Les parties conviennent d'abord de soumettre à un tiers — un arbitre — leur différend afin que ce dernier apprécie les faits et qu'il rende une décision. Le processus ressemble au recours judiciaire, puisque le règlement ultime du litige sera déterminé par un tiers. En revanche, l'arbitrage offre plus de souplesse que le recours en justice. En effet, les parties choisissent ensemble l'arbitre et conviennent

de l'heure à laquelle l'arbitrage aura lieu et de l'endroit où elles se rencontreront. De plus, les règles de procédure ne sont pas aussi formelles que celles des tribunaux. Toutefois, vous devez vous engager au préalable à respecter la décision de l'arbitre, ce qui signifie que vous renoncez ainsi à tout recours devant les tribunaux.

L'Office de la protection du consommateur pourra vous diriger vers les organismes privés qui offrent des services de conciliation ou de médiation et d'arbitrage.

L'Office de la protection du consommateur

Créé en 1971, l'OPC est un organisme du gouvernement du Québec. Outre son mandat d'informer le public, l'OPC a pour rôle principal de voir à l'application de quatre lois: la *Loi sur la protection du consommateur* (LPC), la *Loi sur le recouvrement de certaines créances*, la *Loi sur les agents de voyages* et la *Loi sur les arrangements préalables de services funéraires et de sépulture*.

L'OPC, qui traite annuellement environ 350 000 plaintes et demandes de renseignements, compte quelque 11 bureaux régionaux répartis dans tout le Québec. Vous pouvez obtenir de l'aide et de l'information par téléphone ou en vous rendant au bureau de l'Office de votre région. Vous pourrez y obtenir des conseils pour votre négociation avec le commerçant, des renseignements sur vos droits, vos obligations et les lois concernées, et de la documentation.

L'OPC peut aussi agir à titre de médiateur dans le litige qui vous oppose à un commerçant. Vous devrez alors déposer une plainte à l'OPC. Il faut souligner, toutefois, que l'OPC n'est pas un tribunal et qu'il n'est donc pas en son pouvoir d'imposer une solution à un commerçant. Cependant, lorsque cela est nécessaire, un agent de l'OPC pourra vous conseiller dans la préparation du dossier que vous devrez présenter à la cour des petites créances.

Dans certains cas, le litige qui vous oppose à un commerçant pourrait mettre en lumière les pratiques commerciales

LE CHEMINEMENT D'UNE PLAINTE À l'OPC

1. Formulaire de plainte

L'OPC vous envoie un formulaire de plainte si celle-ci relève de sa compétence et si elle apparaît fondée.

2. Démarches du consommateur

Vous remplissez le formulaire de plainte et vous en expédiez:
• une copie au commerçant pour l'informer de votre plainte;
• une copie à l'OPC avec COPIE de tous les documents pertinents.
Le formulaire de plainte est conçu de façon à faciliter une première démarche auprès du commerçant afin de régler le cas en litige. Environ 30 % des cas sont réglés à ce stade.

3. Ouverture d'un dossier et médiation

Sur réception du formulaire de plainte et de la COPIE des documents pertinents, l'OPC analyse le dossier et détermine si le problème peut faire l'objet d'une médiation. La médiation aboutit à un règlement satisfaisant dans 7 cas sur 10.

4. Recours civils du consommateur

Lorsque la médiation échoue, l'OPC vous informe des démarches à entreprendre et des différentes procédures à suivre pour faire valoir vos droits devant les tribunaux. Vous devrez toutefois effectuer vous-même ces démarches.

douteuses ou les infractions à la LPC commises par le commerçant. Dans ce cas, l'OPC pourrait décider d'une action administrative ou pénale à entreprendre contre le commerçant en faute. Bien que ces actions ne concernent pas directement le règlement de votre problème, elles sont nécessaires, car elles forcent le commerçant à respecter la loi.

L'OPC pourra alors envoyer un avis officiel, rencontrer le commerçant, obtenir un engagement volontaire du commerçant, enquêter ou engager une poursuite pénale.

La cour des petites créances

Malgré vos démarches personnelles et l'intervention d'une association commerciale ou de l'OPC, votre problème n'est toujours pas réglé? Il vous reste donc l'ultime recours devant les tribunaux.

Si votre réclamation est supérieure à 3 000 $, il est préférable de vous adresser à un avocat, qui pourra alors entreprendre les procédures devant le tribunal approprié. Cependant, parce qu'ils ont généralement pour objet des contrats visant des biens et des services d'une valeur inférieure à 3 000$, la grande majorité des litiges en consommation peuvent être entendus à la cour des petites créances, où vous

devrez vous présenter sans avocat[1]. Dans certains cas, il serait tout de même avantageux de prendre conseil auprès d'un notaire ou d'un avocat.

Si votre réclamation est supérieure à 3 000 $ ou que vous acceptez de la réduire à ce montant, votre litige pourra être entendu devant la cour des petites créances.

Les étapes
1. Communication avec le greffier
Communiquez d'abord par téléphone avec le greffier de la division des petites créances de la Cour du Québec de votre région. Il vous indiquera si votre demande est recevable; il vous donnera également l'adresse et les heures d'ouverture du greffe, et vous renseignera sur la façon de préparer votre dossier.

2. Préparation du dossier et assignation des témoins
Préparez votre dossier avec soin avant de vous rendre au greffe des petites créances. Rassemblez, par ordre chronologique, tous les documents originaux et toutes les pièces qui vous aideront à prouver vos affirmations.
Exemples:
• chèques (ou d'autres preuves de paiement);
• contrats;
• croquis;
• évaluations;

[1] Sauf cas d'exception, les parties ne peuvent être représentées par un avocat.

- factures;
- copies de la mise en demeure et du reçu postal ou du procès-verbal de l'huissier;
- garanties écrites;
- photographies;
- pièces endommagées;
- rapports d'experts;
- documents fournis par l'OPC.

S'il est nécessaire qu'une ou plusieurs personnes viennent à la cour pour témoigner en votre faveur, vous devez indiquer leurs noms et adresses au greffier, qui les assignera. Il peut s'agir de témoins ordinaires ou de témoins experts. Un témoin ordinaire est une personne qui a vu, entendu ou constaté ce qui s'est passé. Un témoin expert a des connaissances et une expérience reconnues: il peut s'agir d'un mécanicien, par exemple. Vous pouvez demander que les frais d'expertise soient payés par la partie adverse; c'est le juge qui en décidera.

3. Requête

C'est généralement le greffier qui rédige la requête: il inscrit sur la formule prévue à cette fin les renseignements que vous lui fournissez, attestés par une déclaration faite sous serment que vous devez signer. Vous pouvez réclamer une somme d'argent, des intérêts (le taux peut vous être indiqué par le greffier) ou l'annulation d'un contrat. Une fois cette étape

franchie, vous n'avez qu'à remettre au greffier:
- votre dossier, composé de documents originaux (les photocopies ne sont pas valables);
- le cas échéant, la preuve que vous avez expédié une mise en demeure (reçu postal ou procès-verbal de l'huissier) ou que la personne ou l'entreprise poursuivie l'a bien reçue (accusé de réception);
- les nom et adresse de la personne poursuivie;
- les noms et adresses des témoins;
- le montant des frais exigibles.

Il est essentiel que vous conserviez une photocopie de tous ces documents afin de les apporter en cour et de les utiliser lorsque vous passerez devant le juge.

4. Médiation

Au moment où vous présenterez votre requête, le greffier vous proposera peut-être de faire une dernière tentative avant d'aller devant le juge. En effet, la division des petites créances de la Cour du Québec offre un service de médiation. Ce service permet aux personnes qu'oppose un litige d'en discuter avec un avocat-médiateur pour essayer de conclure un règlement à l'amiable. Pour qu'il y ait médiation, la personne que vous poursuivez doit y consentir.

Si vous concluez un règlement à l'amiable, l'affaire est close et vous n'avez pas à aller en cour. Si vous n'arrivez pas à vous entendre, le médiateur verse un rapport au dossier et l'affaire est entendue par un juge. Vous n'êtes pas obligé d'accepter la recommandation du médiateur, mais si vous n'êtes pas d'accord avec sa décision, assurez-vous de renforcer votre preuve et vos arguments avant l'audition devant le juge.

5. Audience

Si l'affaire doit être entendue par un juge, vous recevrez un avis de convocation indiquant le jour fixé pour l'audience. Il peut s'écouler quelques mois avant votre comparution devant le juge.

Lorsque vous vous présentez en cour, vérifiez si votre nom est inscrit au rôle et si tous vos témoins sont présents. C'est le juge qui mène l'interrogatoire et qui tente de concilier les intérêts de tous. Le demandeur est la première personne à parler. Soyez clair et concis dans vos propos de manière à retenir l'attention de la cour. Donnez des renseignements précis et, au besoin, lisez devant le juge le résumé que vous avez préparé pour expliquer votre problème.

Le juge rend parfois un jugement immédiatement à la fin de l'audience. Vous savez alors à quoi vous en tenir le jour même du procès. Dans la majorité des cas, toutefois, le juge ne prend sa décision qu'ultérieurement, et les parties reçoivent le jugement par poste certifiée.

Absence à l'audience

Si vous ne pouvez être présent à l'audience en raison de votre âge, d'une maladie, de l'éloignement ou pour tout autre motif prévu par la loi (obtenez l'accord du greffier), vous devrez mandater par écrit une autre personne (parent ou ami) pour vous représenter. Cette personne doit être au courant des faits et détenir un document, signé de votre main, l'autorisant à vous représenter. Vous pouvez aussi demander une remise.

6. Exécution du jugement

Le jugement rendu par la division des petites créances de la Cour du Québec **est final et sans appel**. Il peut être exécuté après l'expiration des 10 jours suivant la date où il a été rendu (s'il est prononcé à l'audience) ou signifié, à défaut de quoi la partie perdante est passible de saisie.

À noter: si c'est l'OPC qui vous a dirigé vers la division des petites créances de la Cour du Québec, il serait utile que vous lui fassiez parvenir une copie de votre requête et de votre jugement.

Association pour la protection des automobilistes (APA)

292, boul. Saint-Joseph Ouest
Montréal (Québec) H2V 2N7
☎ (514) APA-5555

Service de renseignements et de plaintes; publication de divers documents sur l'automobile; divulgation du prix coûtant du concessionnaire pour une auto neuve. Parmi les services offerts aux membres: service d'expertise par un réseau de réparateurs autorisés; service d'achat recommandé pour un véhicule d'occasion; vérification mécanique sur place avant l'achat d'une auto d'occasion (régions de Montréal, Laval et la Rive-Sud); etc.

Association canadienne des automobilistes (CAA)
Montréal

1180, rue Drummond
Bureau 100
Montréal (Québec) H3G 2R7
☎ Tél.: (514) 861-7575

Québec (siège social)
444, rue Bouvier
Québec (Québec) G2J 1E3
☎ (418) 624-0708

Autres succursales de la CAA:
- Brossard:
  ☎ (514) 861-7575
- Charlesbourg:
  ☎ (418) 624-0708
- Chicoutimi:
  ☎ (418) 545-8686
- Hull:
  ☎ (819) 778-2225
- Laval:
  ☎ (514) 861-7575
- Pointe-Claire:
  ☎ (514) 861-7575
- Sainte-Foy:
  ☎ (418) 624-0708
- Saint-Léonard:
  ☎ (514) 861-7575
- Sherbrooke:
  ☎ (819) 566-5132
- Trois-Rivières:
  ☎ (819) 376-9393

Conseils en consommation automobile; publication de divers documents sur l'automobile; service routier d'urgence; réseau de garages recommandés; inspection des voitures d'occasion avant l'achat; réseau d'agences de voyages CAA; écoles de conduite recommandées; etc.

Le CAA-Québec est le porte-parole officiel de Transports Canada en matière de sièges d'auto pour enfants. Membres et non-membres du club peuvent le consulter sur cette question.

Région de Montréal:
☎ **(514) 861-7111**
Région de Québec:
☎ **(418) 624-2424**
Ailleurs au Québec
☎ **1 800 686-9243**

Bureau d'assurance du Canada (BAC)

500, rue Sherbrooke Ouest
Bureau 600
Montréal (Québec) H3A 3B6
☎ (514) 288-6015
☎ 1 800 361-5131
Renseignements et plaintes concernant l'assurance auto et habitation.

Cour des petites créances

Région de Montréal:
☎ (514) 393-2304
Région de Québec:
☎ (418) 649-3539
Accepte les requêtes jusqu'à 3 000 $. Vérifiez les coordonnées de la cour des petites créances de votre région dans les pages bleues de l'annuaire sous la rubrique «Justice» du Gouvernement du Québec.

Groupement des assureurs automobiles (GAA)

500, rue Sherbrooke Ouest
Bureau 600
Montréal (Québec) H3A 3B6
☎ (514) 288-1537
☎ 1 800 361-5131
Représente tous les assureurs autorisés à pratiquer l'assurance automobile au Québec. Peut donner des renseignements sur la convention d'indemnisation directe, les centres d'estimation des dommages matériels et le constat amiable.

Office de la protection du consommateur (OPC)

Montréal
Village Olympique
5199, rue Sherbrooke Est
Bureau 3671, Aile «A»
Montréal (Québec) H1T 3X2
☎ (514) 873-3701
☎ 1 888 672-2556

Québec
400, boul. Jean-Lesage
Bureau 450
Québec (Québec) G1K 8W4
☎ (418) 643-8652
☎ 1 888 672-2556

Autres bureaux de l'OPC:
- Abitibi/Témiscamingue:
  ☎ 1 888 672-2556
- Bas-Saint-Laurent:
  ☎ 1 888 672-2556
- Côte-Nord:
  ☎ 1 888 672-2556
- Estrie:
  ☎ (819) 820-3266
- Gaspésie/Îles-de-la-Madeleine:
  ☎ 1 888 672-2556
- Laurentides/Lanaudière:
  ☎ 1 888 672-2556
- Mauricie/Bois-Francs:
  ☎ (819) 371-6424
- Outaouais:
  ☎ (819) 772-3041
- Saguenay/Lac-Saint-Jean:
  ☎ (418) 695-7938

Société de l'assurance automobile du Québec (SAAQ)

Région de Montréal:
☎ (514) 873-7620
Région de Québec:
☎ (418) 643-7620
Ailleurs au Québec:
☎ 1 800 361-7620
Renseignements sur permis et immatriculation et demandes d'indemnisation.
Pour recevoir un formulaire de demande d'indemnisation, un seul numéro partout au Québec:
☎ 1 888 810-2525.

Vérification de la validité du permis de conduire d'un conducteur prêt-location (service automatisé et avec frais de 1,50 $):
☎ 1 900 565-1212

Transports Québec

État des routes/Info-travaux:
Région de Montréal:
☎ (514) 283-3010
Région de Québec:
☎ (418) 648-7766

Renseignements sur les routes (avec frais):
☎ 1 900 565-4000

Transports Canada

Défauts de sécurité et rappels:
☎ 1 800 333-0510

Importations:
☎ 1 800 333-0558

Sécurité automobile et coussins gonflables:
☎ 1 800 333-0371

LISTE DES CONSTRUCTEURS AUTOMOBILES

Constructeurs automobiles Service à la clientèle

Acura
(Division de Honda)

Voir Honda Canada

Audi (Allemagne) ....**Audi Canada**
3800, Hamlin Road
Auburn Hills (Michigan)
USA 48326
☎ 1 800 822-2834

BMW (Allemagne) ....**BMW Canada**
Downtown BMW
Customer Service Department
550, Adelaide Street East
Toronto (Ontario)
M5A 1N7
☎ 1 800 567-2691

Chrysler ....**Chrysler Canada**
• Dodge
• Plymouth
• Eagle
• Jeep
Case postale 1621
Windsor (Ontario)
N9A 4H6
☎ 1 800 387-9983

Ford...**Ford du Canada**
• Lincoln Mercury
Case postale 2000
Canadian Road
Oakville (Ontario)
L6J 5E4
☎ 1 800 565-3673

General Motors ....**General Motors du Canada**
• Buick
• Cadillac
• Chevrolet
• Geo
• GMC
• Isuzu/Saab/Saturn
1908, Colonel Sam Drive
Oshawa (Ontario)
L1H 8P7
☎ 1 800 263-7854

Honda..**Honda Canada**
1750, rue Eiffel
Boucherville (Québec)
J4B 7W1
☎ (450) 655-6161

Hyundai...**Hyundai Auto Canada**
75, Frontenac Drive
Markham (Ontario)
L3R 6H2
☎ 1 800 461-5695

Infiniti...**Voir Nissan Canada**
(Division de Nissan)   ☎ 1 800 361-4792

Jaguar..**Jaguar Canada**
8, Indell Lane
Brampton (Ontario)
L6T 4H3
☎ 1 800 668-6257

Lada..**Lada Canada**
2727, Steeles Ave. West
4th Floor
North York (Ontario)
M3J 3G9
☎ (416) 661-2727

Lexus...**Voir Toyota Canada**
(Division de Toyota)   ☎ 1 800 265-3987

Mazda..**Mazda Canada**
305, Milner Avenue, Suite 400
Scarborough (Ontario)
M1B 3V4
☎ 1 800 263-4680

Mercedes-Benz................................**Mercedes-Benz Canada**
1405, route Transcanadienne
Bureau 250
Dorval (Québec)
H9P 2V9
☎ (514) 421-4011
☎ 1 800 268-6184

Nissan ....**Nissan Canada**
18109, route Transcanadienne
Kirkland (Québec)
H9J 3K1
☎ (514) 630-4747
Relation avec la clientèle:
☎ 1 800 387-0122

Porsche ....**Porsche Canada**
5045, Orbiter Drive
Building 11, Suite 302
Mississauga (Ontario)
☎ 1 800 545-8039

Subaru ....**Subaru Canada**
9750, route Transcanadienne
Saint-Laurent (Québec)
H4S 1V9
☎ (514) 336-0600, poste 235

Suzuki ....**Suzuki Canada**
4111, boul. Poirier
Saint-Laurent (Québec)
H4R 2G9
☎ (514) 956-7986

Toyota ....**Toyota Canada**
1, Toyota Place
Scarborough (Ontario)
M1H 1H9
☎ 1 800 263-7640

Volkswagen ....**Volkswagen Canada**
3800, Hamlin Road
Auburn Hills (Michigan)
USA 48326
☎ 1 800 822-8987

Volvo ....**Volvo Canada**
175, Gordon Baker Road
North York (Ontario)
M2H 2N7
☎ 1 800 561-4645

Votre trousse pratique

D ans votre tournée des concessionnaires, servez-vous de nos fiches de magasinage et de nos formulaires d'inspection pour comparer les différents véhicules qui vous intéressent. Photocopiez-les et notez-y les principaux points observés, les garanties offertes, les accessoires optionnels désirés et le prix d'achat global pour chaque véhicule. En comparant les informations recueillies, vous pourrez prendre une décision éclairée.

Ouvrez l'œil… et bon magasinage!

Voiture neuve

Coordonnées du commerçant

Nom: _____

Adresse: _____

Téléphone: _____

Télécopieur: _____

Courrier électronique: _____

Vendeur: _____

Disponibilité: _____

_____

Description du véhicule

Marque: _____

Modèle: _____

Cylindrée du moteur: _____

Couleur: _____

Kilométrage: _____

Prix de base: _____

Prix de l'auto avec les options: _____

Garanties offertes par le constructeur: _____

_____

Type de carburant	❑ essence	❑ propane	❑ diesel
Portières	❑ deux	❑ trois	❑ quatre
Traction	❑ avant	❑ propulsion arrière	

Possibilité de tirer
une roulotte
ou une tente-roulotte ❑ oui ❑ non

Service après-vente du concessionnaire de votre région (vérifiez-en la qualité auprès de clients de longue date ou d'organismes de protection du consommateur dans le domaine de l'automobile)

_____

_____

Accessoires optionnels recommandés

(ou de série sur certains modèles)

			coût
Chauffe-moteur	❑ oui	❑ non	_____
Coussins gonflables	❑ oui	❑ non	_____
Rétroviseur latéral, côté du passager	❑ oui	❑ non	_____
Roue de secours pleine grandeur	❑ oui	❑ non	_____
Système antidémarrage	❑ oui	❑ non	_____

Autres accessoires optionnels
(tenir compte des frais d'utilisation)

coût

Chaîne stéréo perfectionnée	❏ oui	❏ non	_____
Climatiseur	❏ oui	❏ non	_____
Coussins gonflables latéraux	❏ oui	❏ non	_____
Démarreur à distance	❏ oui	❏ non	_____
Direction assistée	❏ oui	❏ non	_____
Freins antiblocage (ABS)	❏ oui	❏ non	_____
Garantie prolongée	❏ oui	❏ non	_____

couverture _____

coût _____

Glaces à commande électrique	❏ oui	❏ non	_____
Moteur optionnel	❏ oui	❏ non	_____
Peinture métallisée	❏ oui	❏ non	_____
Quatre roues motrices	❏ oui	❏ non	_____
Régulateur de vitesse	❏ oui	❏ non	_____
Régulateur électronique antipatinage	❏ oui	❏ non	_____
Servodirection	❏ oui	❏ non	_____
Siège pour enfant intégré	❏ oui	❏ non	_____
Sièges à réglage électrique et/ou chauffants	❏ oui	❏ non	_____
Sièges en cuir	❏ oui	❏ non	_____
Toit ouvrant	❏ oui	❏ non	_____
Transmission automatique	❏ oui	❏ non	_____
Verrouillage à télécommande des portières	❏ oui	❏ non	_____
Verrouillage électrique des portières	❏ oui	❏ non	_____
Volant inclinable	❏ oui	❏ non	_____

Autre _____

Autre _____

Commentaires

_____
_____

Commentaires sur l'établissement
(Le vendeur est-il crédible? Le concessionnaire est-il situé près de l'emplacement d'un métro pour le service après-vente ou offre-t-il un service de navette?, etc.)

_____
_____

Voiture d'occasion

Coordonnées du vendeur

Nom: _____

Adresse: _____

Téléphone: _____

Télécopieur: _____

Courrier électronique: _____

Vendeur: _____

Disponibilité: _____

Description du véhicule

Marque: _____

Modèle: _____

Cylindrée du moteur: _____

Année: _____

Couleur: _____

Kilométrage: _____

Prix: _____

Équipement spécial ou supplémentaire:

_____

Existence d'une (ou de plusieurs)
garantie(s) transférable(s):   ❏ oui   ❏ non

Si oui, lesquelles: _____

_____

_____

État général du véhicule

Cas d'utilisation antérieure de l'auto entraînant généralement une dépréciation accrue (s'il y a lieu) (livraison de pizzas ou location, par exemple)

_____

_____

_____

Défectuosités non réparées

_____

_____

Réparations effectuées (le remplacement des pneus et la réparation des freins et du système d'échappement sont tout à fait normaux après trois ans):

_____

_____

Détails de l'accident, s'il s'agit d'une voiture reconstruite:

_____

_____

Peinture	❑ d'origine	❑ refaite
	(préférable)	

Degré d'usure des pneus

_____

Présence de pneus d'hiver	❑ oui	❑ non

État général de la carrosserie

_____

_____

Raison de la vente, s'il s'agit d'un particulier

_____

_____

Permission de faire inspecter l'auto par un mécanicien (si le vendeur refuse, il est sans doute préférable de renoncer à ce véhicule)

❑ oui   ❑ non

Inspection visuelle	en bon état	à éliminer
Carrosserie (en plein jour)	❑	❑
Bosses, rouille et indice montrant que la carrosserie a été réparée	❑	❑

Si oui, nature, étendue et raison de la réparation

_____

_____

Peinture	❑	❑
Glaces et phares	❑	❑
Pneus (vérifier si disparates ou identiques, par exemple quatre pneus d'hiver ou quatre saisons)	❑	❑
Présence d'une roue de secours, d'un cric et d'une manivelle	❑	❑
Sièges, capitonnage et ceintures de sécurité	❑	❑
Plancher	❑	❑

Commentaires

_____

_____

_____

À remplir par le consommateur

Nom: _____

Téléphone (jour): _____

Véhicule: _____

Année (à vérifier sur le véhicule): _____

Kilométrage au compteur: _____

N° de série: _____

À remplir par le mécanicien

	En ordre	Déficient

Essai sur route

	En ordre	Déficient
1. Rendement du moteur	❏	❏
2. Embrayage (si équipé)	❏	❏
3. Changement de vitesses	❏	❏
4. Train moteur (cognements et jeu)	❏	❏
5. Tenue de route (roulement)	❏	❏
6. Maniabilité (direction)	❏	❏
7. Freinage	❏	❏
8. Système d'entraînement 4 roues motrices (si équipé)	❏	❏

Inspection au garage

Niveaux des liquides et lubrifiants

	En ordre	Déficient
9. Huile à moteur (niveau et état)	❏	❏
10. Antigel (niveau et degré de protection)	❏	❏
11. Lave-glace (niveau)	❏	❏
12. Huile à servodirection (niveau et état)	❏	❏
13. Huile à boîte de vitesses (niveau et état)	❏	❏
14. Embrayage (niveau d'huile, s'il y a lieu)	❏	❏

Moteur

	En ordre	Déficient
15. Fuites	❏	❏
16. Consommation d'huile (fumée)	❏	❏
17. Carburateur et étrangleur (si équipé)	❏	❏
18. Courroies	❏	❏

19. Compression ou équilibre des cylindres

1)_____

2)_____

3)_____

4)_____

5)_____

6)_____

7)_____

8)_____

	En ordre	Déficient
20. Pression d'huile	❑	❑
21. Allumage (puissance)	❑	❑
22. Allumage (bougies, fils, allumeur)	❑	❑
23. Examen visuel du système de contrôle des émanations (présence des dispositifs en état de fonctionner)	❑	❑

Circuit de refroidissement

24. Fuites	❑	❑
25. Radiateur	❑	❑
26. Ventilateur	❑	❑
27. Pompe à eau	❑	❑
28. Durites	❑	❑
29. Chauffage et dégivrage	❑	❑

Climatiseur (si équipé)

30. Rendement	❑	❑
31. Compresseur	❑	❑
32. Condensateur		
33. Conduits	❑	❑

Système électrique

34. Circuit de charge	❑	❑
35. Batterie	❑	❑
36. Démarreur et solénoïde	❑	❑
37. Instruments et témoins lumineux	❑	❑
38. Klaxon	❑	❑
39. Feux de freinage	❑	❑
40. Feux de position (avant, arrière, et sur les côtés)	❑	❑
41. Feux de marche arrière et de plaque d'immatriculation	❑	❑
42. Clignotants et signaux d'urgence	❑	❑
43. Phares	❑	❑
44. Essuie-glaces avant	❑	❑
45. Gicleurs avant	❑	❑
46. Essuie-glace arrière (si équipé)	❑	❑
47. Gicleur arrière (si équipé)	❑	❑
48. Commandes des glaces	❑	❑
49. Serrures	❑	❑

	En ordre	Déficient
Train moteur		
50. Fuites d'huile	❏	❏
51. Supports (moteur et boîte de vitesses)	❏	❏
52. Joints universels ou homocinétiques	❏	❏
53. Carter de différentiel ou boîte-pont (jeu des engrenages, niveau d'huile et fuites)	❏	❏
Échappement		
54. Collecteur d'échappement	❏	❏
55. Tuyaux	❏	❏
56. Convertisseur catalytique	❏	❏
57. Silencieux	❏	❏
58. Joints et supports	❏	❏
Suspension et direction		
Pneus (état et degré approximatif d'usure)		
59. Avant gauche	❏	❏
60. Avant droit	❏	❏
61. Arrière gauche	❏	❏
62. Arrière droit	❏	❏
63. Amortisseurs ou jambes de force avant	❏	❏
64. Amortisseurs ou jambes de force arrière	❏	❏
65. Ressorts avant	❏	❏
66. Ressorts arrière	❏	❏
67. Rotules	❏	❏
68. Timonerie de direction (biellettes comprises)	❏	❏
69. Boîtier de direction ou crémaillère	❏	❏
70. Pompe de servodirection (si équipé)	❏	❏
71. Conduits, durites et fixations de direction	❏	❏
72. État visuel des coussins, bras de suspension et barres d'accouplement avant	❏	❏
73. État visuel des coussins, bras de suspension ou essieu, et barres d'accouplement arrière	❏	❏
74. Roulements avant	❏	❏
75. Roulements arrière	❏	❏

	En ordre	Déficient
Circuit de freins		
76. Disques avant	❏	❏
77. Plaquettes avant	❏	❏
(degré approximatif d'usure)		
78. Étriers avant		
79. Tambours ou disques arrière	❏	❏
80. Sabots ou plaquettes arrière	❏	❏
(degré approximatif d'usure)		
81. Étriers arrière ou cylindres	❏	❏
de roue et ressorts de rappel		
82. Canalisations	❏	❏
83. Frein de stationnement	❏	❏
Carrosserie et châssis		
84. Pare-brise	❏	❏
85. Rouille	❏	❏
86. Peinture	❏	❏
87. Réservoir d'essence et canalisations	❏	❏
88. Plancher	❏	❏
89. Signes visuels de réparations	❏	❏
majeures de carrosserie		

Commentaires du mécanicien vérificateur:

_____

_____

_____

_____

_____

_____

Signature: _____

Date: _____

Cette vérification est visuelle et ne comprend pas le démontage de la majorité des pièces; elle ne permet pas nécessairement à elle seule de détecter tous les défauts cachés du véhicule. Le mécanicien s'engage à faire l'inspection selon les standards du métier normalement exigés d'un expert en pareille matière.

À remplir par le consommateur

Nom: _____

Adresse: _____

Ville: _____ Code postal: _____

Téléphone: résidence _____ travail: _____

Marque: _____

Modèle: _____

Année: _____

Numéro de série: _____

Numéro d'immatriculation: _____

Couleur: _____

Kilométrage: _____

À remplir par le mécanicien

RÉPARATIONS À EFFECTUER

1. _____
2. _____
3. _____
4. _____
5. _____
6. _____

MAIN-D'ŒUVRE

Taux horaire: _____

Total des heures: _____

Sous-total main-d'œuvre + taxes   _____

PIÈCES À CHANGER   *PRIX DES PIÈCES*

1. _____   _____
2. _____   _____
3. _____   _____
4. _____   _____
5. _____   _____
6. _____   _____
7. _____   _____
8. _____   _____

      Sous-total pièces + taxes   _____

PRIX DU MATÉRIEL D'ATELIER

1. _____ 5. _____
2. _____ 6. _____
3. _____ 7. _____
4. _____ 8. _____

Sous-total matériel + taxes: _____

GRAND TOTAL: _____

ENDROITS AFFECTÉS _____

DÉFAUTS (code) _____

DÉTAIL _____

LISTE DES DÉFAUTS

1. Rouille de surface

2. Perforations par rouille

3. Rouille de la structure

4. Écaillement de peinture

5. Manque d'adhérence de la peinture

6. Manque d'adhérence de l'apprêt

7. Perte d'éclat

8. Décoloration

9. Boursouflures

10. Autres: _____
_____
_____
_____
_____

_____

Signature du mécanicien et/ou tampon du garage:

N° mécanicien: _____
Adresse du garage: _____
_____
_____

Date: _____

À remplir par le consommateur

Nom: _____

Adresse: _____

Ville: _____ Code postal: _____

Téléphone: résidence _____ travail _____

Marque: _____

Modèle: _____

Année: _____

Numéro de série: _____

Numéro d'immatriculation: _____

Couleur: _____

Kilométrage: _____

À remplir par le mécanicien

RÉPARATIONS À EFFECTUER

1. _____
2. _____
3. _____
4. _____
5. _____
6. _____

MAIN-D'ŒUVRE

Taux horaire: _____

Total des heures: _____

Sous-total main-d'œuvre + taxes _____

PIÈCES À CHANGER   *PRIX DES PIÈCES*

1. _____   _____
2. _____   _____
3. _____   _____
4. _____   _____
5. _____   _____
6. _____   _____
7. _____   _____
8. _____   _____

Sous-total pièces + taxes _____

PRIX DU MATÉRIEL D'ATELIER

1. _____
2. _____
3. _____
4. _____

5. _____
6. _____
7. _____
8. _____

Sous-total matériel + taxes: _____

GRAND TOTAL: _____

RAISON DU BRIS

❑ Usure normale
❑ Négligence
❑ Usage abusif
❑ Autre: _____

❑ Défaut de fabrication de la pièce
❑ Réparation antérieure mal exécutée
❑ Durabilité anormale de la pièce

_____

Signature du mécanicien et/ou tampon du garage:

N° mécanicien: _____
Adresse du garage: _____
_____

Date: _____

Usure normale
C'est l'usure accumulée en raison du kilométrage ou du temps écoulé depuis la mise en fonction du véhicule.

Défaut de fabrication de la pièce
La pièce a un défaut depuis son installation à l'usine et ce défaut a occasionné un bris après un certain temps.

Négligence
Par exemple, omettre plusieurs changements d'huile, ce qui occasionne un problème d'arbre à cames de moteur.

Réparation antérieure mal exécutée
Le système a déjà été réparé et les pièces ont été mal installées; les pièces défectueuses n'ont pas été remplacées ou réparées.

Usage abusif
C'est l'abus d'une partie du véhicule faite de façon délibérée par le conducteur. Par exemple: tenter de sortir d'un banc de neige en tenant l'accélérateur au maximum durant plusieurs minutes; le différentiel et/ou la transmission sont alors sollicités d'une façon abusive.

Durabilité anormale de la pièce
La durabilité moyenne de ce genre de pièce pour l'ensemble des véhicules est beaucoup plus longue. Par exemple: un arbre à cames de 65 000 km dans un moteur à 4 cylindres n'a pas eu une durabilité normale, car on pourrait s'attendre à une durabilité minimale de 120 000 km. Des plaquettes de freins avant, déjà usées alors que l'auto n'a parcouru que 7 000 km, n'ont pas eu une durabilité normale; la durabilité moyenne est en effet de 30 000 km ou plus.

La feuille de calculs suivante sert à comparer le prix d'achat d'une même voiture chez différents concessionnaires. Établissez le coût de départ, soustrayez-en le versement initial; vous obtiendrez le montant à emprunter. Après avoir calculé le total de l'emprunt, additionnez-y le versement initial; cela vous donnera le prix d'achat global de l'auto.

CONCESSIONNAIRE	A	B	C

COÛT DE DÉPART

	A	B	C
Prix de l'auto avec les options	_____ $	_____ $	_____ $
+ Taxes	_____ $	_____ $	_____ $
+ Immatriculation	_____ $	_____ $	_____ $
= **Total (1)**	_____ $	_____ $	_____ $

VERSEMENT INITIAL

	A	B	C
Valeur de revente de la vieille voiture et/ou argent comptant	_____ $	_____ $	_____ $
+ Acompte	_____ $	_____ $	_____ $
+ Autres	_____ $	_____ $	_____ $
= **Total (2)**	_____ $	_____ $	_____ $

EMPRUNT

	A	B	C
Montant à emprunter (total 1 - total 2)	_____ $	_____ $	_____ $
Taux de crédit	_____ %	_____ %	_____ %
Nombre de mensualités	_____	_____	_____
Montant d'une mensualité	_____ $	_____ $	_____ $
Total des intérêts	_____ $	_____ $	_____ $
Total de l'emprunt (montant emprunté + total des intérêts)	_____ $	_____ $	_____ $

EN RÉSUMÉ

	A	B	C
Versement initial	_____ $	_____ $	_____ $
+ Total de l'emprunt	_____ $	_____ $	_____ $
= **PRIX D'ACHAT TOTAL**	_____ $	_____ $	_____ $

VOTRE ESSAI SUR ROUTE

C'est grâce à des essais sur route que les spécialistes établissent avec précision le comportement d'une automobile. Faites comme eux! Pour vous y aider, nous avons préparé une liste d'éléments à considérer lorsque vous serez au volant de la voiture. Ne les négligez pas, ils sont précieux. Toutefois, comme vous risquez de les oublier quand vous serez dans le feu de l'action, demandez à celui ou celle qui vous accompagne de prendre des notes.

En premier lieu

- Les sièges sont-ils confortables?
- La couleur des sièges et de l'habitacle est-elle salissante?
- La qualité du son de la radio, du lecteur de cassette ou de disque compact vous satisfait-elle?
- L'habitacle vous permet-il de trouver une position de conduite confortable?
- La visibilité latérale et vers l'arrière est-elle bonne? Y a-t-il des composantes qui bloquent la vue (montants arrière, latéraux, vitres teintées foncées, etc.)?
- Les rétroviseurs latéraux sont-ils assez grands pour permettre une vision dégagée?
- Les essuie-glaces fonctionnent-ils bien et couvrent-ils une grande surface?
- Le hayon est-il muni d'un essuie-glace et d'un gicleur?
- Les instruments du tableau de bord sont-ils bien en vue et les commandes sont-elles accessibles?
- Les commandes situées sur la colonne de direction sont-elles faciles à actionner (clignotants, essuie-glaces, klaxon, etc.)?
- Le frein de stationnement est-il à votre portée?
- Les pédales de frein et d'accélérateur sont-elles suffisamment éloignées l'une de l'autre?
- Les appuis-tête sont-ils réglables ou fixes? (Si vous avez tendance à oublier de les régler, le second type est préférable.) Sont-ils conçus de façon à ne pas gêner la visibilité vers l'arrière?
- Les sièges avant sont-ils inclinables et leur hauteur est-elle réglable?
- Dans les modèles à deux portes, la banquette arrière est-elle d'accès facile?
- La banquette arrière est-elle confortable? Peut-on la rabattre pour accroître l'espace de chargement?
- Le coffre est-il assez spacieux? Est-il facile d'y déposer des objets? La finition intérieure est-elle soignée?

Et la sécurité?

- Êtes-vous assis convenablement et assez loin du volant?
- Pouvez-vous facilement atteindre les ceintures?
- Le baudrier s'ajuste-t-il bien sur la poitrine sans frôler le visage ni glisser de l'épaule (même si vous portez un gros manteau)?
- La pression exercée par le baudrier est-elle acceptable?
- La ceinture se déroule-t-elle et revient-elle à sa position initiale facilement?
- La voiture est-elle équipée d'un système de verrouillage commandé par le conducteur ou de verrous de sécurité à l'arrière?
- Les glaces arrière ne descendent-elles qu'à mi-hauteur?
- L'arrière des dossiers avant est-il bien rembourré?
- Y a-t-il un coussin gonflable pour le conducteur? Pour le passager avant?
- Y a-t-il des freins antiblocage?
- Y a-t-il un régulateur électronique antipatinage?
- Le siège pour enfant intégré est-il offert?

Sur la route

- L'accélération vous paraît-elle raisonnable?
- Le passage des vitesses est-il précis (que la boîte de vitesses soit automatique ou manuelle)?
- Les freins sont-ils faciles à doser?
- La direction vous semble-t-elle précise? Est-ce qu'elle vous communique bien la sensation de la route?
- La voiture conserve-t-elle une bonne stabilité ou a-t-elle tendance à bondir lorsque la chaussée est cahoteuse?
- Le niveau sonore du véhicule est-il raisonnable (glaces fermées et ouvertes)? Qu'en est-il sur la grand-route?
- Percevez-vous des bruits inhabituels (cliquetis, grincements, etc.)?

LIBRAIRIE DE PROTÉGEZ-VOUS

GUIDES PRATIQUES

Cochez vos choix	Prix courant	Prix pour les abonnés
❑ **Guide pratique de l'alimentation** (224 pages)	13,^{86}$	7,^{95}$
❑ **140 lettres pour tout régler** (280 pages)	21,^{35}$	14,^{95}$
❑ **Faire face à un sinistre** (144 pages)	8,^{51}$	5,^{95}$
❑ **Situations d'urgence de A à Z** (192 pages)	13,^{86}$	7,^{95}$
❑ **Trousse juridique personnelle** (112 pages)	7,^{44}$	4,^{95}$
❑ **L'autodépanneur** (176 pages)	13,^{86}$	7,^{95}$
TOTAL	_____	_____

CÉDÉROMS

	Prix courant	Prix pour les abonnés
❑ **Le cédérom 140 lettres pour tout régler**	22,^{95}$	14,^{95}$
❑ **Le cédérom Protégez-Vous** **(OCT. 1992 - SEPT. 1997)**	45,^{96}$	34,^{95}$
Prix pour les détenteurs du cédérom 1989-1996	19,^{95}$	
TOTAL	_____	_____

Pour commander, voir à la page suivante ▶

BON DE COMMANDE

Nᴏᴍ |　|　|　|　|　|　|　|　|　|　|　|　|　|　|　|　|　|　|　|

Aᴅʀᴇѕѕᴇ |　|　|　|　|　|　|　|　|　|　|　|　| Aᴘᴘ. |　|　|

Vɪʟʟᴇ |　|　|　|　|　|　|　|　|　|　|　| Pʀᴏᴠ. |　|　|

Cᴏᴅᴇ ᴘᴏѕᴛᴀʟ |　|　|　|　|　|　| Tᴇ́ʟ. |　|　|　|　|　|　|　|

N° ᴅ'ᴀʙᴏɴɴᴇ́ (ѕ'ɪʟ ʏ ᴀ ʟɪᴇᴜ)

MODE DE PAIEMENT: ☐ Cʜᴇ̀ǫᴜᴇ ᴀᴜ ɴᴏᴍ ᴅᴜ Mᴀɢᴀᴢɪɴᴇ Pʀᴏᴛᴇ́ɢᴇᴢ-Vᴏᴜѕ

☐ MᴀѕᴛᴇʀCᴀʀᴅ ☐ Vɪѕᴀ

ᴀᴜ ᴍᴏɴᴛᴀɴᴛ ᴅᴇ |　|　|　|　|　| $

Dᴀᴛᴇ ᴅ'ᴇxᴘɪʀᴀᴛɪᴏɴ |　|　|　|　|

N° ᴅᴇ ᴄᴀʀᴛᴇ |　|　|　|　|　|　|　|　|　|　|　|　|　|　|　|　|

Nᴏᴍ ᴅᴜ ᴛɪᴛᴜʟᴀɪʀᴇ |　|　|　|　|　|　|　|　|　|　|　|　|　|　|

Sɪɢɴᴀᴛᴜʀᴇ

VEUILLEZ LIVRER MON GUIDE-CADEAU À:

Nᴏᴍ |　|　|　|　|　|　|　|　|　|　|　|　|　|　|　|　|　|　|　|　|

Aᴅʀᴇѕѕᴇ |　|　|　|　|　|　|　|　|　|　|　|　|　| Aᴘᴘ. |　|　|

Vɪʟʟᴇ |　|　|　|　|　|　|　|　|　|　|　| Pʀᴏᴠ. |　|　|

Cᴏᴅᴇ ᴘᴏѕᴛᴀʟ |　|　|　|　|　|　| Tᴇ́ʟ. |　|　|　|　|　|　|　|

IMPORTANT!
Nos prix incluent les frais de manutention, d'envoi et les taxes.
Veuillez prévoir 6 semaines pour la livraison.

Tous nos prix sont sujets à changement sans préavis.

COMMANDEZ

ᴘᴀʀ ʟᴀ ᴘᴏѕᴛᴇ
PROTÉGEZ-VOUS
525, rue Louis-Pasteur
Boucherville (Québec) J4B 8E7

ᴘᴀʀ ᴛᴇ́ʟᴇ́ᴘʜᴏɴᴇ (Visa ou MasterCard)
Région de Montréal.................*(514) 875-4444*
Partout au Québec................*1 800 667-4444*

ᴘᴀʀ ᴛᴇ́ʟᴇ́ᴄᴏᴘɪᴇᴜʀ ....*(514) 523-4444*

ᴘᴀʀ ɪɴᴛᴇʀɴᴇᴛ
www.protegez-vous.qc.ca